CENTENAIRE DE ROUSSEAU
2 JUILLET 1878

CALVIN & ROUSSEAU

ÉTUDE LITTÉRAIRE, SOCIALE
ET RELIGIEUSE

PAR

J. GABEREL

Prix : 3 francs.

GENÈVE
IMPRIMERIE RAMBOZ ET SCHUCHARDT
1878

CENTENAIRE DE ROUSSEAU
2 JUILLET 1878

CALVIN & ROUSSEAU

ÉTUDE LITTÉRAIRE, SOCIALE
ET RELIGIEUSE

PAR

J. GABEREL

Prix : 2 francs.

GENÈVE
IMPRIMERIE RAMBOZ ET SCHUCHARDT
1878

TABLE

Première partie : CALVIN

Deuxième partie : ROUSSEAU

PREMIÈRE PARTIE

CALVIN

CALVIN ET ROUSSEAU

Calvin naquit dans une famille hautement respectable. Il eut sous les yeux l'exemple de la pureté chrétienne et des vertus sévères du foyer domestique.

Rousseau, privé de sa mère, fut élevé par un père menant une conduite relâchée ; il subit l'influence pernicieuse du vagabondage, des propos déshonnêtes et des mauvaises lectures.

Calvin manifesta dès les jours de l'adolescence une dignité morale qui l'éloigna des camarades enclins à la licence. Il ne supportait aucune parole mauvaise et condamnait impitoyablement les exemples fâcheux.

Rousseau montra un naturel faible, vacillant ; il fut entraîné par les premières impressions et se laissa diriger sans résistance par les mouvements d'une sensibilité exagérée.

CALVIN, dès son entrée dans la carrière active, eut l'inestimable privilége d'être en relations avec les femmes les plus distinguées du siècle ; il fut admis auprès de la mère d'Henri IV et de la duchesse Renée de Ferrare.

ROUSSEAU, abandonné à seize ans par son misérable père, eut la fatale chance de rencontrer dans une protectrice affectueuse, une femme sans principes moraux qui flétrit sa conscience et sa jeunesse.

CALVIN eut le bonheur d'épouser une femme dévouée au bien, faisant de son devoir le culte de sa vie et, par son courage religieux dans le péril et la douleur, obtenant le témoignage du respect et les regrets affectueux des contemporains.

ROUSSEAU, entraîné par une hallucination grossière, choisit pour compagne illégitime une femme de mauvaises mœurs, et se condamne volontairement à l'abaissement social inévitable dans une pareille union.

CALVIN, aux jours de sa jeunesse, fut soumis à la forte discipline d'un excellent collége ; il fut ardent au travail, il mit une âpre persévérance à ses études et acquit promptement les hauts grades universitaires.

ROUSSEAU, privé d'une éducation suivie, destiné à une profession industrielle, obligé de gagner son pain dans la domesticité, passe ses jeunes années dans une inféconde et périlleuse oisiveté.

CALVIN est doué d'une intelligence passionnée pour la vérité morale. Son esprit est capable de sonder les questions les plus profondes concernant le sort de l'humanité ; il porte une clarté sévère sur les sujets qu'il traite ; il entraîne son siècle par l'énergie de ses démonstrations politiques et religieuses.

ROUSSEAU unit le travail esthétique aux sérieuses méditations du philosophe ; il donne une forme admirable aux doctrines ébauchées dans les livres et les brochures contemporaines et les publie sans prendre souci des inconvénients ou des périls qu'il peut courir par leur vulgarisation.

CALVIN, au premier rang parmi les directeurs de la religion et de la politique de son siècle, demeure pauvre et partage volontairement l'existence modeste organisée par les lois de son Église et imposée à tous ses membres.

ROUSSEAU, durant les années de sa gloire littéraire, persévère dans la simplicité extérieure et la sobriété qui régnaient chez les citoyens protestants désireux de conserver la prospérité sociale et morale de leurs vieilles républiques.

Calvin, dans ses théories sociales, enseigne que les rois et les magistrats sont investis, par la volonté divine et le libre choix des citoyens, du pouvoir de gouverner les États et du droit d'exercer la justice.

Rousseau, républicain de naissance, demande que le suffrage des citoyens détermine le choix des directeurs politiques et judiciaires des nations. Il change les conditions du droit divin. Il proclame que les rois sont faits pour les peuples et non les peuples pour les rois. Il affirme l'égalité politique, le privilége pour chaque homme de parvenir à tous les emplois sociaux et, par l'irrésistible séduction de son génie littéraire, il entraine le siècle à l'adoption de ces vérités qui ont aujourd'hui force de loi dans les États d'Europe et d'Amérique.

Calvin établit dans le monde protestant une éducation simple et sévère; il développe la jeunesse par de sérieux travaux intellectuels.

Rousseau veut faire pénétrer dans la société

française les usages républicains de sa ville natale ; il opère une favorable réforme au bénéfice de l'enfance et de la famille.

Calvin, dirigé par des docteurs évangéliques, admet *l'autorité divine des saints Livres comme la cause infaillible de la vérité religieuse.*

Rousseau, ballotté entre le catholicisme et le déisme, rejette toute relation surnaturelle entre l'âme humaine et son créateur. Il déclare *que l'homme possède le pouvoir naturel de découvrir la vérité religieuse dans sa perfection.*

Calvin pose comme principe nécessaire à la religion le dogme de la plénitude de la Divinité condensée dans la personne de Jésus-Christ.

Rousseau reconnaît Jésus de Nazareth pour le type de la perfection religieuse dans l'humanité, mais lui refuse tout pouvoir miraculeux.

Calvin admet la corruption morale et héréditaire de la famille humaine et son relèvement par la miséricorde et la force divines manifestées en Jésus-Christ.

Rousseau croit à la bonté native de l'homme et proclame l'infaillibilité de la conscience et le perfectionnement moral indéfini par le simple effort de la volonté individuelle.

Calvin enseigne que le salut dans la vie future est opéré par le Rédempteur accordant une grâce infinie à la créature humiliée et repentante.

Rousseau présente l'homme suivi de ses œuvres, appuyé sur ses mérites personnels et confiant dans la paternelle bonté du Juge suprême.

Tels sont les principes de ces génies qui ont dominé leur siècle et se partagent encore la direction de la conscience et de la foi religieuse d'une grande partie du monde chrétien.

Nous allons étudier maintenant les principaux traits des œuvres accomplies par le Réformateur français et le Philosophe genevois.

CHAPITRE I

Calvin et la Réforme française.

Au seizième siècle se produisit une révolution religieuse qui entraîna le peuple germain et les races latines vers des nouveautés indéfinies.

L'Église romaine était parvenue aux extrêmes limites du pouvoir politique militaire et religieux.

Elle avait condensé sur la personne de son chef le privilége divin de régler les affaires entre la conscience de l'homme pécheur et le Juge des vivants et des morts.

Elle faisait intervenir l'élément pécuniaire dans les conditions du salut éternel offert gratuitement par le Rédempteur Jésus-Christ.

Elle conservait la législation païenne donnant le droit de punir par l'exil, la prison, la ruine et la mort toute infraction à ses lois, toute révolte contre ses dogmes.

Les chefs de l'Église romaine dirigeaient souverainement la volonté politique des rois et les destinées sociales des peuples.

Le pape prononçait en dernier ressort sur les jugements des tribunaux soumis à son autorité et l'application des peines légales.

La cour de Rome imposait ses ordres aux armées, elle possédait les secrets de la diplomatie. Elle réglait sons contrôle l'instruction dans les universités et les colléges.

Enfin des donations territoriales illimitées, des revenus pécuniaires intarissables affermissaient son influence sur le monde chrétien.

La forteresse ecclésiastique symbolisée à Rome par le monument de Saint-Pierre paraissait inattaquable. Elle aurait sans doute prolongé sa brillante carrière sans le fléau qui détruit sans remède les autorités politiques, les positions sociales et les corporations religieuses.

Ce fléau c'est l'IMMORALITÉ.

Ce vice était signalé et combattu par les esprits élevés du quinzième siècle. Longtemps avant Luther et Calvin, des prélats dignes de ce nom déploraient la corruption du clergé.

« Nos prêtres, disaient-ils, vivent dans le monde sans gravité ni tempérance, ils sont légers dans leurs actes, enclins à tous les vices, adonnés à tous les déréglements du siècle et, chose honteuse à dire, ils mènent une vie plus exécrable que le reste du troupeau, ils montrent par leur extérieur l'entière vanité de leurs pensées. »

Et cent ans plus tard, en 1593, François de Sales, nommé prévôt du diocèse de Genève, disait au clergé d'Annecy dans son discours d'inauguration : « Je signale les détestables paroles et actions des prêtres, l'iniquité de tous, principalement dans l'ordre ecclésiastique, à tel point que le Seigneur se plaint très-justement et avec beaucoup d'amertume par ses prophètes qu'à cause de nous son nom est blasphémé parmi les nations. »

Ces réformes morales ayant échoué parce qu'on n'avait pas détruit le mal dans ses causes intimes, la DÉTÉRIORATION DES DOGMES, une transformation fondamentale dut se produire.

Des théologiens unissant le courage à la science démontrèrent que la seule autorité divine résidait dans la Bible et que le pouvoir infaillible des papes était illégitime devant l'Évangile et l'histoire.

La prétention de l'Église voulant régler le pardon ou la condamnation dans la vie éternelle fut tenue pour illusoire.

Toutes les messes et les prières soldées pour aider au salut des âmes furent abolies. Tous les pèlerinages, les legs, les sacrifices pécuniaires, les œuvres appelées *méritoires* seront remplacées par le salut gratuitement offert à ceux qui professent une foi sincère au pouvoir de Jésus mort pour nos péchés et ressuscité pour notre justification.

Ces réformes, conçues par quelques esprits généreux et passionnés de la vérité chrétienne, eurent de faibles commencements; mais bientôt elles furent présentées à la conscience des peuples par des hommes au cœur bronzé contre tous les périls extérieurs et les souffrances morales, des hommes insensibles à la perte des biens, de la liberté, de la vie; des esprits assez puissants pour rassembler ces éléments épars de régénération morale en un corps de doctrine clair, précis, facile à comprendre; des hommes dont le génie populaire entraînait les foules par la magie de l'éloquence, l'autorité de la logique, la force irrésistible de la presse. Des hommes enfin pouvant soulever les générations contemporaines et léguer à leurs successeurs la volonté de tout souffrir plutôt que d'abandonner la vérité telle qu'ils l'ont reçue de

Jésus et des Apôtres, sans mélange d'éléments humains.

Les peuples germains possédaient depuis vingt ans Luther, lorsque les peuples français virent apparaître Calvin.

Dans la petite cité de Noyon, en Picardie, vivait une famille bourgeoise nommée Caulvin. Le père, homme respecté, avait obtenu une position honorable dans la magistrature et les emplois laïques de l'Église. Son fils Jean Caulvin naquit le 10 juillet 1509. Il fut élevé avec le plus grand soin et les jeunes de Montmor ses premiers camarades partageaient cette bonne éducation.

A quatorze ans (1523) on le plaça au collége Montaigu de Paris. Le directeur, Mathurin Cordier, entretenait une sévère discipline, et donnait une forte instruction. Caulvin se soumit avec une sérieuse satisfaction à ce régime, il était ardent au travail, désireux de vaincre les difficultés intellectuelles et s'appropriait aisément les beautés des langues anciennes, l'esprit des philosophes et des historiens classiques.

Sous le rapport moral, Caulvin, comme nous l'avons dit, manifestait une pureté et une gravité peu communes chez la jeunesse des écoles; il ne supportait aucune parole deshonnête et se montrait inflexible envers ses camarades.

Jean Caulvin était destiné à l'état ecclésiastique et son père avait obtenu d'avance deux bénéfices pour le futur abbé. Mais le goût du jeune élève le portait vers le droit; il étudia sous Alciat et Pierre de l'Estoile et à vingt-quatre ans, en 1533, il était licencié et procureur « du pays de Picardie. »

Durant ses années académiques, Caulvin prit connaissance des doctrines évangéliques déjà propagées à Paris et reçut des instructions de Melchior Volmar et Pierre Olivetan qui dut bientôt se refugier à Strasbourg pour éviter la prison et le bûcher.

Le recteur de l'université de Paris, Nicolas Cop, de Bâle, chérissait Caulvin, et le choisit pour collaborateur d'un discours prononcé dans une réunion solennelle le 1er novembre 1533; les affirmations du jeune légiste et du maître, touchant la foi qui justifie, obligèrent Cop à se réfugier à Bâle et Caulvin, décrété de prise de corps, fut recommandé aux bons offices de la reine de Navarre. Cette princesse, qui favorisait les personnes pieuses, l'accueillit, l'écouta avec plaisir et employa son crédit auprès de François Ier son frère pour la libération de son protégé et de ses amis.

Caulvin, pouvant alors voyager en sécurité, fit plusieurs courses en France, étudiant avec ardeur les Écritures et se préparant en silence à son futur ministère. Les premiers amis de la Réforme lui firent un bon accueil, et le vieux traducteur de la Bible, Lefèvre d'Étaples, réfugié à la Cour de Navarre, disait, après l'avoir entendu, « Icelui Caulvin sera un jour un puissant instrument dont le Seigneur se servira pour établir en France le royaume du Ciel. »

Ce fut en 1534 que Caulvin professa ouvertement les croyances évangéliques. Au point de vue temporel ce moment paraît singulièrement choisi. Les placards publiés contre la messe et affichés aux portes du Louvre avaient exaspéré François Ier. Huit martyrs furent brûlés sur les places de Paris et c'est sous l'impression de cet affreux supplice, que Caulvin, mettant la main à l'œuvre, chosit ces mots pour la devise de sa carrière : « Une « grande tranquillité nous est donnée par la main « de Dieu. Reposons-nous sur lui, il aura soin de « nous. »

Caulvin ou Calvin, car il modifia son nom, voulut plaider devant les rois la cause de ses frères décimés par la persécution ; il se retira à Strasbourg pour composer en paix la lettre à François premier, où il le conjure de s'instruire par lui-même des motifs qui déterminent les évangéliques à tout souffrir plutôt que de renier leur foi. Puis il réfute les calomnies des prêtres qui, ne pouvant détruire la légitimité des plaintes articulées contre Rome, ni le droit de lire les saints Livres et de régler leurs croyances d'après les paroles de Jésus-Christ, représentent les Réformés comme fauteurs du désorde, pareils aux anabaptistes, complices des paysans d'Allemagne,... et déclarent qu'on doit leur courir sus comme brigands ou bêtes fauves!... Puis il ajoute : nos adversaires nous présentent comme cherchant les occasions de mal faire et d'exciter des séditions. Le Dieu que nous adorons n'est pas l'auteur des discordes, mais le Dieu de paix. Nous sommes les imitateurs de son Fils et nous ne participerons jamais à de pareilles entreprises. Loin de là, Sire, étant chassés de nos maisons, nous ne laissons pas de prier Dieu pour votre prospérité et celle de votre règne. Davantage nous n'avons pas si mal profité de l'Évangile, puisque notre vie peut être à nos détracteurs un exemple de charité, de miséricorde, de tempérance et patience devant Dieu. »

Ce manifeste et le livre qui l'accompagnait révélèrent aux réformateurs un nouveau champion pour la défense du pur Évangile, et la prédiction du vieux Lefèvre parut se réaliser.

Nous offrons à nos lecteurs une rapide analyse de la doctrine contenue dans l'*Institution chrétienne* de Calvin et que ses collègues et ses prédécesseurs avaient déjà proclamée, mais qui fut condensée dans un écrit promptement répandu et adopté par toutes les églises de langue française.

Le fondement de la foi religieuse est l'autorité souveraine infaillible des Écritures qui ne dépend pas du témoignage extérieur de l'Église, mais de l'action intérieure du Saint-Esprit.

L'Écriture est la seule règle essentielle. Les commentateurs ne sont que des guides humains et les additions faites à la Parole de Dieu offrent des directions et des conseils sans autre valeur que celle qu'ils tirent de la Bible elle-même.

Dans les saints Livres nous trouvons qu'il est un seul Dieu qui a engendré de toute éternité sa

Parole, intermédiaire visible entre l'homme et son créateur, puis aussi son Esprit qui nous sanctifie, en sorte que chaque personne a sa propriété divine et la Divinité demeure en son entier.

L'homme est créé à l'image de Dieu, en pleine intégrité de son esprit, volonté et sens de son âme; la corruption et les vices qui sont en nous procèdent de la rébellion d'Adam, notre père, qui, délaissant la source de tous les biens, s'est asservi à toute misère, et nous sommes condamnés non pas seulement par la faute d'autrui, mais à cause de la malice qui est en nous dès la naissance.

Par ce péché originel nous ne saurions avoir nulle bonne pensée à bien faire ni libre arbitre pour aspirer au bien en dehors de la vertu qui nous est donnée par le Saint-Esprit.

Le salut nous est acquis par Jésus-Christ, sa mort et sa résurrection ont effacé nos fautes et nous ont réconcilié avec Dieu notre père, en sorte que les hommes ne peuvent s'attribuer aucun mérite personnel, ni mettre la moindre confiance en leurs œuvres pour leur salut.

L'Église est sanctifiée par l'unité de Dieu, la divinité du Christ, la gratuité du salut. Nous en devenons et restons membres par la rémission de nos péchés.

Dieu a établi le *ministère ecclésiastique* pour servir d'organe humain à l'action que l'Esprit exerce dans l'Église au moyen du *seul Evangile.* Il faut qu'elle bannisse autant que possible de son sein toute souillure morale, au moyen d'une discipline rigoureuse qui est le nerf de la vie ecclésiastique.

Les pasteurs doivent veiller constamment à la sanctification des membres de la société chrétienne. Les fautes cachées seront reprises en secret, à moins que leurs conséquences ne deviennent publiques.

Les scandales peuvent être punis par la privation de la sainte Cène, ou plus sévèrement encore si la désobéissance se prolonge.

A côté du pouvoir ecclésiastique, chargé du gouvernement de l'homme intérieur, Dieu a institué le pouvoir politique pour régir l'homme extérieur et le contenir dans les principes de la justice civile.

Les rois et les magistrats reçoivent de Dieu une autorité sainte et légitime. Ils sont les ministres du Juge céleste, les frères de la patrie.

L'État le plus heureux est celui où la liberté est renfermée dans les limites d'une juste modération. Cet idéal est plus facilement atteint dans l'alliance de l'aristocratie et de la république, car il est plus sûr que plusieurs tiennent le gouvernement.

Les dépositaires du pouvoir, quels qu'ils soient, ont également droit au respect et à l'obéissance des hommes. Si Dieu seul a la puissance de punir les tyrans, les magistrats populaires, institués par sa volonté, sont les tuteurs des rois, ils doivent régler les actes du pouvoir et modérer les caprices du maître. Ces ordres, réunis dans leurs assemblées souveraines, peuvent s'opposer aux dangereuses résolutions et à la licence des gouvernants.

Cependant l'obéissance aux autorités ne doit pas nous détourner de l'obéissance à Dieu, qui n'a pas renoncé à ses droits de père et de maître quand il a établi des lois sur le genre humain.

Pour ce qui concerne la vérité renfermée dans les seules Écritures saintes, elle doit être tenue et conservée intacte.

Quiconque affirmera que le contenu de la Bible est une fiction, sera traîné au supplice. Il est du devoir du magistrat de punir par le glaive ou par d'autres châtiments ceux qui, après avoir renié leur foi, sollicitent les autres à une semblable apostasie.

Calvin demeura fidèle à ces doctrines partagées par ses amis dans l'œuvre de la Réformation. Il les fit adopter par les Évangéliques de langue française, les Églises des Pays-Bas, de Danemark et d'Écosse.

En les étudiant, sans tenir compte de leurs résultats historiques et religieux, elles doivent abâtardir la volonté et le sens moral des hommes, créer des sectaires abaissés sous un joug inflexible, sans énergie pour le progrès, sans amour pour les libertés sociales...

Qu'attendre, en effet, d'hommes à qui l'on persuade qu'ils sont gâtés et corrompus dès leur naissance, incapables par eux-mêmes de faire le bien, soumis à une tyrannie inflexible qui leur enlève tout libre arbitre, toute indépendance d'action morale et les prédestine à la misère ou au bonheur éternels sans résistance possible.

Ce sont les sujets esclaves silencieux d'un despote tout-puissant.

Or, l'expérience de trois siècles nous apprend

que les générations élevées dans le système de Calvin sont passionnées pour les libertés civiles et politiques, et sur les deux rives de l'Océan les ont maintenues avec une persévérance peu commune dans l'histoire. Chez ces prétendus sectaires, soumis à la volonté divine, la conscience a fait entendre une voix souveraine, elle a conservé le culte des choses bonnes et honnêtes, et l'intelligence, parquée dans les limites étroites des confessions de foi, a reçu une culture très-étendue chez les différentes classes des sociétés préservées de l'influence romaine.

En particulier le dogme de l'élection des fidèles par la volonté divine antérieurement à tout mérite de leur part, a inspiré les évangéliques durant les temps de persécution.

Les exilés ayant fait les derniers sacrifices à leurs saintes croyances, les défenseurs du droit de culte sur la terre natale, les martyrs protestants étaient généralement prédestinatiens, ils avaient la certitude d'être au nombre des élus ; ils souffraient et mouraient soutenus par la promesse de l'adoption divine, ils entraient dans la demeure du père céleste appuyés sur la grâce infinie et la foi sans réserve au Christ rédempteur.

Il existe un monument genevois consacré à la mémoire des héros chrétiens du seizième siècle. C'est le martyrologe de Crespin (1597).

Avec les descriptions des cruautés collectives, des massacres généraux et des persécutions officielles, nous retrouvons l'histoire de douze cents victimes de Rome et l'exposé de la foi individuelle de chaque condamné. Dans cette suprême dogmatique de l'échafaud et du bûcher, vous ne découvrez pas une seule mention du mérite des œuvres accomplies dans les jours favorables ou dans les angoisses mortelles. L'un d'entre eux, Jean Soret, au pays d'Artois (1569), résumait cette vérité historique en un cantique retrouvé dans sa prison :

O mon vrai Dieu s'il me convient mourir
Par ton saint nom veuille moi secourir,
Et mes péchés efface
Et fais que dans mon cœur toujours sente ta grâce
Je vois souffrir avec joie et constance.
J'entends chanter en extrême douleur ;
Je pense alors que de Dieu la grandeur
Luit en l'obscur de l'humaine puissance.

Les plus sérieux adversaires de la révélation évangélique admettent ces résultats chez les peuples réformés, et M. Renan nous écrivait en 1858 : « Je ne connais pas de génération plus grande devant la conscience humaine que les réformés du seizième siècle. »

CHAPITRE II

Calvin à Genève.

CONQUÊTE DE LA RÉFORME GENEVOISE.

Il existe deux classes de cités chez les peuples civilisés.

Certaines villes, préoccupées des intérêts agricoles et du négoce, n'ont pris aucune part effective aux travaux intellectuels de l'humanité, et leur oubli dans les annales du monde n'occasionnerait aucun préjudice à la science historique.

D'autres cités ont contribué à la découverte de principes utiles, de vérités essentielles au perfectionnement de la race humaine. Dans leur sein ont vécu des législateurs, des philosophes, des poètes et des martyrs dont les œuvres et les sacrifices couronnent leur patrie d'une auréole de gloire et de reconnaissance.

La République genevoise possède ce noble privilége. Elle a recueilli et conservé les illustres victimes des persécutions politiques et religieuses. Son nom est intimement lié aux conquêtes de la liberté chrétienne et des principes sociaux qui sont populaires dans les temps modernes.

Nous voulons présenter l'analyse historique de ce phénomène national.

Notre tâche est grandement facilitée, car aujourd'hui les sources de la vérité historique touchant la Réforme genevoise sont largement ouvertes.

Amédée Roget, infatigable chercheur, utilise les registres de nos Conseils et les dossiers des procès criminels du seizième siècle, récemment catalogués par notre regretté Sordet.

Herminjard recueille avec une patience éprouvée les correspondances inédites des Réformateurs, nous introduit dans le commerce intime des amis et des adversaires de ce grand drame religieux et complète l'œuvre de Jules Bonnet.

Albert Rilliet déploie une rare science, une sévère impartialité dans les fragments historiques dont il enrichit nos bibliothèques.

Les bénédictins du présent siècle, Reuss, Baum et Counitz, ont bientôt terminé les travaux entrepris depuis vingt ans pour l'édition admirable des œuvres et des lettres de Calvin.

L'auteur de ce volume a pu tout récemment profiter du catalogue complet des archives de Turin, élaboré par le directeur, N. Bianchi, et copier les correspondances et les mémoires des légats romains concernant la Réforme des pays de langue française.

Genève, placée dans un fertile vallon, au bord d'un lac magnifique, sur l'une des routes qui unissent le Nord et le Midi, fut considérée dès les anciens jours comme la métropole des chefs qui se disputaient la possession du pays du Léman. Tour à tour les rois de Bourgogne et de France, les princes de Savoie, les seigneurs féodaux, les évêques du diocèse ont convoité la souveraineté exclusive de cette ville.

L'esprit des bourgeoisies, si jalouses de leurs franchises municipales et des libertés sociales, se manifesta durant le moyen âge avec une persévérante énergie chez les Genevois.

Dans les premières années du seizième siècle

des citoyens dévoués jusqu'à la mort, les Bonivard, Lévrier, Pécolat, Berthelier, Porral, Besançon Hugues, soutenus par les États de Fribourg et de Berne, établirent l'indépendance nationale de leur modeste patrie et lui donnèrent pour un certain temps *la paix terrienne et la liberté chère tenue.*

L'élément religieux, qui préoccupait le monde chrétien, devint bientôt une affaire prépondérante dans la révolution genevoise.

Vers 1527, la Réforme, maîtresse de la situation en Allemagne, et qui se débat contre de sanglantes persécutions en France, la Réforme, qui possède la majorité à Zurich et à Berne, « la *secte lutérianne* commence à pulluler dans Genève. »
« Certains prêcheurs viennent parler contre le
« Pape, engagent à manger la viande le vendredi
« et tiennent pour néant les ordres religieux. »

Ces rapports émeuvent la cour romaine qui, au milieu des sanglants embarras du siége et de la prise de sa capitale, trouve encore le moyen de promettre un secours au duc de Savoie.

Un des caractères de Rome est d'avoir du temps pour tout et de l'argent pour toute chose.

Le duc mande au Pape « ceux de Genève

« adhèrent aux ligues suisses appelées en alle-
« mand *Henguenots*, c'est-à-dire séparés, comme
« se nomment aussi les hérétiques de France. Et
« pendant que nous sommes embarrassés avec
« nos affaires en ce pays de France, ils attirent le
« plus qu'ils peuvent de gens à la secte lutérianne.
« Nous nous adresserions bien à l'Empereur,
« mais on n'en obtient que de belles paroles (May
« 1528). »

Le saint Père[1] fait écrire pour lors à Charles-Quint :

« Nous devons remontrar à V. M. I. le domp-
« majge qui suivra pour le St.-Siége s'il perd
« l'obéissance, l'autorité, la provision (le revenu)
« de ces deux évêchés de Lausanne et de Genève.
« Pour conserver ces bénéfices il faut absolu-
« ment les remettre es mains du légitime posses-
« seur le prince de Savoie, rompre ces bourgeoi-
« sies de Genève avec Berne et Fribourg, déli-
« vrer la ville de ces misérables prêcheurs qui
« troublent les consciences. »

[1] La différence du style de ces lettres est causée par la langue dans laquelle elles sont écrites, les unes en français, les autres traduites du latin. — Archives de Turin, catalogue Bianchi.

Que répondit Charles-Quint? Dans cette période il ne s'était pas encore prononcé positivement contre la Réforme. Son catholicisme avait quelque analogie avec la religion d'Henri IV. Pour tous les deux c'était une affaire, un instrument plutôt qu'un principe, et l'empereur en particulier n'était nullement peiné de voir son cher parent le duc de Savoie dans de pénibles embarras au delà des monts.

Genève profita largement de cette diplomatie égoïste, car si en 1529 et 1530 Charles-Quint eût admis, comme plus tard, en 1550, l'emploi du fer et du feu pour vaincre les rébellions contre le St.-Siége, la question de Genève et de Lausanne se terminait par une rapide solution. Un corps considérable d'impériaux aurait tenu en échec Berne et Fribourg, et nos deux villes seraient devenues les chefs-lieux transalpins de la maison de Savoie. Mais heureusement Charles-Quint prit la chose du côté pacifique et continua la guerre de plume. En 1529-1530 il écrivit deux fois aux honorables fidèles et chers syndics de sa cité impériale de Genève :

« Nous sommes préoccupés de votre salut, car
« nous avons entendu que de nouvelles opinions

« et sectes pullulent en ladite cité genevoise.
« Nous vous exhortons sérieusement de les extir-
« per et d'employer la diligence la plus sérieuse,
« les soins les plus exacts à cette œuvre. Ne per-
« mettez aucun enseignement contraire aux tra-
« ditions et décrets de vos ancêtres, mais retenez
« la foi, les rites, les cérémonies, gardez-les avec
« une constance digne de la récompense du Dieu
« tout-puissant. Ce faisant, vous conserverez no-
« tre amitié et gratitude impériales.

« Auxbourg, XI octobre 1530. »

Trois ans plus tard Genève, ayant pris goût aux prédications de Farel et de Viret, Charles-Quint continue ses oppositions épistolaires ; il s'adresse à l'archevêque de Besançon pour lui recommander le prélat genevois Pierre de la Baume, son coadjuteur.

« Ce très-cher cousin et conseiller remontre
« qu'il a fait toujours son bon debvoir et office
« pour préserver ses sujets et diocésains dudit
« Genève de l'hérésie lutérianne. Qu'il a rebouté
« et chastié ceux qui s'en trouvaient contaminés
« dans ledit diocèse, en quoi il n'a épargné ni les
« fruits d'icelui évêché, ni ses autres revenus. Le-

« dit prince-évêque nous apprend que les cantons « catholiques pourraient beaucoup pour éviter les « scandales de ladite hérésie. Nous vous char- « geons expressément de les pousser contre les « lutérians de Genève et d'empêcher les cantons « lutéranisés de venir au secours des rebelles ge- « nevois quand leur prince légitime les voudra « reprendre.

« Tolède, 2 avril 1533. »

Les secours de Charles-Quint « étant fort beaux sur le papier, » le duc de Savoie écrit en décembre 1533 au Pape :

« Je suis certain que ceux de Lausanne et de « Genève ont donné parole à Berne et à Zurich « de se faire lutérians, c'est pourquoi je ne peux « plus temporiser ; il faut aller à Genève, de gré « ou de force, pour éviter qu'ils ne fassent le « saut. Réfléchissez, très-saint Père, que Genève « étant au milieu de mes pays de Vaud, Cha- « blais, Faucigni et Gey, tous ces endroits pour- « ront facilement la suivre dans le lutéranisme. « Aussi je vais passer les monts et donner ordre « à mes affaires..... Sa majesté l'empereur ne « veut point m'aider. J'ai mis toute mon espé-

« rance dans Sa Sainteté. Je ne demande pas des « troupes, car j'ai quatre mille hommes, Italiens « et lansquenets, qui seront employés dès que Sa « Sainteté daignera m'envoyer une paye suffisante « avec un homme de guerre pour les commander. « Don Alphonse de Leyva me serait fort agréa- « ble. Il serait bien que le duc de Ferrare se joi- « gnît à nous avec quelque bonne somme d'ar- « gent. »

Le Pape accorde le secours demandé. La guerre a lieu; elle dure deux années. Genève se défend avec héroïsme. Malgré les misères d'un siége et le ravage du pays environnant, la Réforme fait des progrès réguliers.

Au plus fort de la détresse, les encourageantes paroles viennent de Rome et de Turin : « Mettez dehors les prédicants, proclamez-vous serviteurs de l'évêque. Tout sera terminé, paix et richesses sous la croix de Savoie. »

Les Genevois répondent : « Persévérons en faits et en discours selon l'Évangile, et le Seigneur nous délivrera de cette captivité babylonienne. »

François Ier eût fort désiré se mettre en lieu et place du prince de Savoie et annexer Genève et son territoire aux provinces voisines ; il envoie un secours et un bon capitaine aux Genevois. M. de Verey leur dit : « Mon roi porte un ardent amour « à votre ville. Il attend une bonne occasion de « vous aider à recouvrer vos terres... Mais il « faudra que vous lui fassiez quelque prééminence « en vos États. Il ne veut qu'être appelé protec- « teur de Genève et avoir garnison en votre ville. « Il demande encore le droit de grâce et de jus- « tice qui appartenait à l'évêque, et il enverra un « tel secours que vous déchasserez l'ennemi sans « qu'il vous en coûte rien. »

Les conseils genevois, après avoir *bene ruminatis, calculatis, discussis*, répondirent :

« Nous en avons parlé avec les principaux de « notre ville, et nous n'oserions proposer telles « choses au peuple pour peur en avoir répréhen- « sion. Nous souffrons à bon escient *tout* pour dé- « chasser l'évêque et vivre librement, et point ne « reprendrons de nouveaux maîtres. »

Le Genevois ne perdirent pas courage et défendirent à outrance les anciens droits politiques et les nouveaux principes religieux.

En ces temps de détresse de 1534 à 1536, dit une naïve description contemporaine, les soldats et les bourgeois qui allaient aux murailles « repousser les grandes menaces, » pour être plus prompts, ne quittaient pas les armes ; ils les portaient au temple, vu qu'ils étaient fort diligents à ouïr les prêches ; mais quand le tambour battait une alarme, hommes et femmes y étaient si accoutumés que personne ne se mouvait de l'église, sinon les soldats qui sortaient sans bruit ni tumulte. Ainsi, d'une main on avait l'épée, de l'autre la pioche pour travailler aux murailles, et sur les terraux chacun selon son pouvoir faisait son debvoir. »

Ainsi, malgré les périls et les misères d'un siége, l'œuvre nationale progressait et l'ambassadeur sarde à Rome eut bientôt de tristes dépêches à communiquer au Pape.

« Selon votre désir, écrit-il au duc Charles III, « j'ai appris au saint Père que le 10 août, jour « de la St.-Laurent, ces misérables lutérians de « Genève ont aboli du tout la religion, jeté de- « hors les reliques et les images, affirmé la faus- « seté de la messe et l'ont abolie.

« Le saint Père, à ces funestes nouvelles, a « baissé la tête en disant : sainte Vierge!!! et il

« me charge de mander à Votre Altesse qu'Elle a « fait en bon serviteur de Dieu ce qui était en son « pouvoir et que maintenant il faut continuer pour « réparer ce désastre. »

La guerre fut continuée. Genève, livrée à elle-même, court les derniers périls. Berne ne prête aucun secours à son alliée ; dans ses conseils domine un parti, « les Esparviers, » gentilshommes regrettant l'ancien régime et dont les parents, lors de la Réforme en 1528, ont passé en France et en Piémont. Ces personnes refusent toute participation à la guerre sur les bords du Léman; puis l'opinion publique soulevée par les députés genevois, oblige le gouvernement à consulter le suffrage universel des paroisses. Dans leur proclamation se trouvent ces loyales paroles : « Si nous « abandonnons nos combourgeois de Genève dans « ce dernier péril de guerre et de famine, on nous « le reprochera de toute éternité. »

Les magistrats des paroisses employèrent deux semaines à recueillir les suffrages, et le 13 janvier 1536, « la grosse cloche convoqua les bourgeois de Berne dans la cathédrale et l'on proclama qu'à l'unanimité moins une, les paroisses ont résolu le secours pour Genève. »

Le même jour, par une coïncidence glorieuse dans cette modeste histoire, un assaut furieux était livré par le duc de Savoie aux remparts de Genève. Pressentant les mauvaises nouvelles de Suisse, il voulut en finir par un coup d'éclat, mais le lendemain, dans la cathédrale de St.-Pierre, les magistrats pouvaient adresser au peuple ces simples paroles :

« Citoyens, l'ennemi nous a assaillis vigoureu-
« sement. Dieu, toutefois, à qui en est tout l'hon-
« neur, les a repoussés et plusieurs en remportent
« de graves blessures. »

Les chefs ultramontains, découragés par ce revers et peu soucieux de rencontrer les descendants de Morgarten et de Morat, abandonnent la vallée du Léman, dont la conquête par les Bernois devient une promenade militaire ; les paysans savoyards suivent docilement la loi du plus fort, et sur les deux rives du lac on n'entendit plus sonner aucune messe.

Un fait rare dans les annales de la guerre fut

accompli par les Genevois pendant ces deux sévères années 1534 à 1536.

Lorsqu'une guerre défensive oblige à des sorties dangereuses, quand le canon frappe les murailles et que les citoyens gardent les armes à table, à l'atelier, à la boutique, au temple, il paraît fort difficile de s'occuper des intérêts sociaux et religieux..... Les Genevois surmontèrent ces obstacles. L'abolition du catholicisme laissait en grand désordre les affaires intérieures, mais il se trouva des citoyens zélés, dévoués jusqu'au sacrifice, qui organisèrent le culte, l'école, l'hôpital, et l'on put voir les blessés et les malades bien soignés, les pauvres secourus, les enfants au travail et les temples regorgeant de fidèles.

Au printemps 1536 la nouvelle organisation politique et religieuse se trouvait terminée.

Le 24 mai tous les citoyens étaient rassemblés dans la cathédrale de St.-Pierre. Les deux réformateurs Farel et Viret se présentèrent avec Claude Savoie, premier syndic, et le magistrat proposa la résolution suivante :

« Vous êtes réunis pour savoir s'il y en a quel-
« ques-uns qui veulent dire quelque chose contre
« la doctrine prêchée en cette ville, qu'ils le di-

« sent, afin qu'on sache si tous ne veulent vivre « selon la parole divine qui nous est annoncée de-« puis l'abolition de la messe et du sacrifice « papal.

« Sur quoi, sans qu'aucune voix dit le con-« traire : Il a été promis et juré à Dieu par élé-« vation des mains que nous voulons unanime-« ment vivre en cette sainte loi évangélique ainsi « qu'en union et obéissance de justice. »

Ainsi Genève devint république libre, cité évangélique en attendant qu'elle soit la capitale d'une grande idée religieuse.

CHAPITRE III

Genève centre et asile de la Réforme française.

Nous avons vu que Genève, en 1536, était une humble république dont la sécurité nationale se trouvait garantie par la puissante alliance avec les Bernois et la sympathie des Suisses protestants.

Genève était une ville libre.

En religion, elle avait pour principe directeur l'autorité suprême des Saintes Écritures. Sous cette bannière, arborée par un grand nombre d'États européens, les Genevois devaient mener une existence paisible, obscure: heureux d'instruire la jeunesse et de faire prospérer le commerce et l'industrie, leur place était marquée au milieu des cités de troisième ou quatrième ordre, sans importance dans l'histoire et la géographie.

Mais au bout d'un quart de siècle, cette insignifiante communauté a pris place dans les préoccupations religieuses de l'Europe. Sa conquête et sa défense sont discutées dans les grandes chancelleries des États catholiques ou protestants. D'une part la Ligue romaine, dont les chefs sont au Vatican, à Paris, à Madrid, à Turin, veut à tout prix la réduire au silence.

Mais dans le monde des réformés, les magistrats suisses, les Électeurs de Saxe, les chefs de la Hollande, les rois de Danemark, la reine d'Angleterre, le prince de Navarre, employent les armes, la diplomatie et l'argent en faveur de Genève.

Étrange phénomène historique, dont voici les causes.

Depuis vingt-cinq ans, Genève est devenue le foyer central de la propagande évangélique chez les races latines.

Genève est devenue l'asile assuré des proscrits de la liberté chrétienne.

Un homme seul a opéré cette transformation.

C'est ce Français, ce Calvin, âgé de 26 ans, reçu pour quelques mois à Genève en juillet 1536; donnant à quelques auditeurs des instructions sur la Bible et ne recevant pas grand'chose pour sa peine.

Puis bientôt reconnu par ses contemporains

« comme un Docteur de grand savoir et merveilleusement propre à dresser les églises chrétiennes. »

Dès lors Calvin voit autour de sa tribune des centaines d'élèves missionnaires, destinés aux pays de langue française. Il encourage et console les victimes dont les arrivages sur la terre genevoise forment le calendrier des persécutions d'Italie, d'Espagne, de France et d'Angleterre.

Calvin, soutenu par la seule autorité du christianisme évangélique, dirige la conscience des grands seigneurs protestants, des princes réformés, il leur écrit avec la dignité et la prudence d'un vrai pasteur et ses lettres les plus sévères sont reçues avec un assentiment respectueux.

Pour analyser brièvement cette œuvre, nous laisserons parler les dignitaires catholiques comme nous l'avons fait dans le chapitre précédent.

Voici les dépêches du vénitien Michiel ou Micheli, 1560 et 61. Il parcourt la France, chargé de rendre compte de l'état des choses à qui de droit.

Nous rappelons que les missions de Calvin sont organisées depuis 14 ans.

« Il n'est, dit Micheli, aucune province où le

« Calvinisme ne soit implanté, la Bretagne, le « Poitou, la Normandie, la Touraine, le Dau« phiné, le Languedoc, la Provence, sont domi« nés par cette secte. On y tient en diverses loca« lités des réunions et des prêches. *On y règle la « vie selon le modèle de Genève.*

« Les réformés n'ont point d'égard aux défen« ses du roi, disant d'après Calvin « qu'en affaires « de conscience, Jésus seul est maître. »

« Le clergé lui-même n'échappe pas aux opi« nions de Calvin. Il y a peu de couvents qui « soient demeurés intacts.

« Certains évêques même sont ébranlés !

« Que vos seigneuries sachent qu'à l'exception « du bas peuple qui fréquente encore les églises, « les apostasies sont bien nombreuses ; presque « tous les hommes au-dessous de quarante ans, « ont quitté notre sainte église romaine.

« A mon retour, j'ai voulu passer à Genève « pour voir par mes yeux cette ville dont le nom « est dans toutes les bouches en France.... Là « j'ai trouvé un grand nombre de nos seigneurs « italiens vivant le plus sérieusement possible. « Calvin jouit d'une immense considération, il « reçoit de fortes sommes d'argent pour nourrir

« les milliers de personnes retirées en cette ville.

« Il envoye des cohortes de prédicateurs dans « le royaume voisin et après la mort de François « *second*, plus de cinquante ministres sont partis « pour les diverses provinces. »

Après le diplomate, écoutons le poète Ronsard :

ÉPITRE A UN AMI SUR LES CHOSES DU ROYAUME

1560 à 1575.

Or nous péchons beaucoup, car depuis saint Grégoire
Nul pontife romain dont le nom soit notoire
En chaire ne prêcha. Nous faillons d'autre part
Car le bien de l'Église aux enfants se départ...
... Il ne faut pas s'étonner, chrétiens ! si la nacelle
Du bon pasteur saint Pierre en ce monde chancelle !
Puisque les ignorants, les enfants de quinze ans,
Je ne sais quels muguets, je ne sais quels plaisants,
Ont les biens de l'Église et que les bénéfices
Se vendent par argent, ainsi que les offices.
Mais que dirait saint Paul (s'il revenait ici),
De nos jeunes prélats qui n'ont point de souci
De leurs pauvres troupeaux dont ils prennent la laine !
Et quelques fois le cuir. Qui vivent tous sans peine,
Sans prêcher, sans prier, sans bon exemple d'eux,
Parfumés, découpés, courtisans amoureux,
Veneurs et fauconniers !
Perdant les biens de Dieu dont ils n'ont que la garde,
— Que dirait-il de voir l'Église à Jésus-Christ
Qui jadis fut fondée en humblesse d'esprit,

En toute patience, en toute obéissance,
Sans argent, sans crédit, sans force ni puissance,
Pauvre, nue, exilée, ayant jusqu'aux os,
Les verges et le fouet imprimés sur le dos!
Et la voir aujourd'hui riche, grasse et hautaine!
Toute pleine d'écus, de rentes, de domaines,
Ses ministres enflés et ses papes encor
Soigneusement vêtus de soie, de draps d'or.
Il se repentirait d'avoir souffert pour elle
Tant de bannissement, tant de peine cruelle.
... Il faut donc corriger de notre sainte Église
Cent mille abus commis par l'avare prêtrise,
De peur que le courroux du Seigneur tout-puissant
N'aille d'un juste feu nos fautes punissant.

(La Réforme s'établit.)

Alas! Quelle fureur nouvelle a corrompu notre aise,
Las des luterians la cause est très-mauvaise,
Mais la défendent bien! Et par malheur fatal
La notre est bonne et sainte et la défendons mal.
L'autre jour m'apparut l'image de la France,
Comme une pauvre femme atteinte de la mort
Son sceptre lui pendait, et sa robe semée
De fleurs de lys, estait en cent lieux entamée.
En la voyant ainsi, je lui dis : O Princesse!
Qui presque de l'Europe as été la maîtresse.
Mère de tant de rois! Conte-moi ton malheur
Et dis-moi je te prie d'où vient ta douleur...
Elle a donc tirant sa parole contrainte,
Soupirant aigrement me fit ainsi sa plainte.

(Genève.)

Une ville est assise es champs savoisiens
Qui par fraude a chassé ses seigneurs anciens,
Misérable séjour de toute apostasie,
D'opiniâtreté, d'orgueil et d'hérésie.
Laquelle, pendant que mes rois augmentaient
Mes bornes, et bien loin pour l'honneur combattaient,
Appelant les bannis en sa secte damnable,
M'a fait comme tu vois chétive et misérable.
Ainsi lorsque mes rois aux guerres s'efforçaient,
Toutes en un monceau ces chenilles croissaient,
Si qu'en moins de trois ans cette tourbe enragée
Sur moi s'est épandue et m'a toute mangée,
A pillé mes cheveux, en pillant mes églises,
Mes églises hélas que par force ils ont prises,
En poudre foudroyant images et autels...
Vénérables séjours de nos saints immortels.

Il est facile de concevoir que dès lors la conquête de Genève, ou son retour au catholicisme, devenait une affaire capitale pour Rome et la Ligue française. La formule de François de Sales : *Il faut que la Babylone hérétique soit détruite ou convertie*, publiée et développée en 1596, n'était pas une chose nouvelle au milieu du siècle.

Le terrible Pie IV, l'exterminateur des réformés avait dit : « Puisque nous ne pouvons pas « reprendre la Wittemberg de Luther, il faut « reprendre la Wittemberg de Calvin. »

Dans les délibérations du Vatican, le Concile de Trente était destiné à guérir tous les maux, à détruire tous les abus dont souffrait l'Église romaine « mais la plus grande misère, » disait l'envoyé du pape au duc Emmanuel-Philibert de Savoie, « c'est cette ville de Genève qui demeure « à la merci des hérétiques. Après avoir perdu « son prince et son évêque, elle est maintenant « abandonnée à tous les scélérats qui accourent « vers ce siége de l'hérésie calvinienne, Genève « reste dans le libertinage qu'elle a usurpé, elle « se maintient à cause des dissensions des princes « chrétiens et particulièrement à cause des troubles et des rébellions qu'elle a incessamment « excités en France. »

Ces ouvertures étaient faites en 1559 au prince de Savoie, mais ce grand capitaine avait vu les guerres du fanatisme dans les provinces françaises et il fit répondre à ces ouvertures :

« La violence est du tout contraire à notre nature envers les gens nés en telle religion, ou

« demeurant depuis si longtemps en icelle, qu'ils « ne pourraient la quitter sans graves inconvé- « niens pour eux, et nous estimons que tant de « malheurs et désolations advenues au pays voisin « par la diversité d'opinions, induiront tous bons « chrétiens à implorer la grâce de Dieu par le « moyen de laquelle étant toutes controverses et « dissensions assoupies, la chrétienté se résol- « vera à vraie et bonne croyance au fait de la Re- « ligion. »

Fidèle à ces sentiments, Emmanuel-Philibert voulut faire la recouverte de Genève avec de bons procédés. Dans ce but il envoie trois députés en 1559, un militaire, M. de Viry, un diplomate, M. d'Hurlière, et un évêque, très-habile négociateur, Monseigneur Allardet. Des citoyens genevois, Copponay et Monathon, affirment que les catholiques en secret sont nombreux dans la ville, on s'ennuie d'être ruinés, on ressent une sourde haine pour la tyrannie de Calvin. Monseigneur Allardet vient à Genève, demande la permission de séjourner pendant le mois de décembre pour *refaire sa santé dans ce bon climat*. Il veut communiquer son plan de réunion aux États Sardes, mais il se plaint de ce qu'il ne peut rien proposer aux magistrats, sans qu'on le rapporte à M. Calvin, et que ceux qui lui avaient promis assistance lui tournent le dos sans faire semblant de le connaître.

Enfin, pour amener une solution à son entreprise, Monseigneur Allardet demande audience aux Conseillers genevois. Il leur rappelle les luttes soutenues depuis 1519 et leur dit :

« Vous êtes bien incommodés tant de vos voi-
« sins que des nouveaux venus dont vous avez
« crainte, vous faites de nuit le guet avec gens
« armés à vos portes et quand vous devriez dor-
« mir en vos lits, vous êtes contraints de faire la
« ronde et de poser des sentinelles...... Puis Ge-
« nève est ruinée, cette ville si riche auparavant
« n'a que deux bourgeois qui aient « vaillant »
« deux mille écus...... En voyant une si fâcheuse
« mutation, les larmes me sont venues aux yeux
« et j'ai imaginé un seul et singulier remède pour
« remettre votre ville en plus grande réputation
« qu'elle fut jamais...... C'est d'accepter Monsei-
« gneur de Savoie comme prince avec dignité et
« autorité sans rien diminuer de vos franchises.
« Il viendrait demeurer avec la duchesse Mar-
« guerite. Il vous ferait la cité la plus florissante

« et puissante de ces pays... Il faudrait pour cela « envoyer des députés à Nice, qui viendraient « joyeux et contents de leur voyage, et quant à ce « qui concerne la religion, vous serez contents de « lui. »

On le remercie, on discute la chose, on écoute l'avis de Calvin. Il pense que les propos de l'évêque ne tendent qu'à détruire la liberté de cette ville et annuler la religion du saint Évangile et souvent il répète ces paroles : « Messieurs, cet « envoyé n'est venu ici que pour vous attacher « des sonnettes aux oreilles. »

Le prélat dut se retirer sans plus de succès que ses prédécesseurs à qui l'on avait répondu deux mois auparavant : « Le duc ne cherche autre « chose que la souveraineté de Genève, mais pour « conserver la liberté et principalement la parole « de Dieu, nous y mettrons nos vies. »

1560 ET LE CARDINAL BORROMÉE

Emmanuel-Philibert, irrité de la déconfiture de son député chéri, prêta l'oreille à des mesures de rigueur et seconda une entreprise des plus sérieuses contre la métropole protestante. Nous la racontons en détail d'après les actes de la ligue catholique, et cet exposé suffit pour donner une idée complète de l'esprit du temps à l'égard du calvinisme genevois.

Le chef diplomatique de cette guerre était le fameux Charles Borromée. Ce dignitaire mérite l'admiration du monde chrétien pour le dévouement et la charité manifestés au milieu des catholiques. Mais le saint homme change absolument de caractère dans ses relations avec les protestants, nul ne fut plus sanguinaire que ce prélat, lorsqu'il dirigea les massacres des réformés dans les Grisons en 1560 et les horreurs de la Saint-Barthélemy sont égalées par les sanglantes exécutions de la Valteline.

Le cardinal Borromée nourrissait une haine implacable contre ses compatriotes plongés dans l'hérésie évangélique; il ne pouvait supporter que les grands noms d'Italie, les parents des papes, eussent abandonné l'Église romaine et il écrivait un jour avec une singulière amertume à Pie IV :

« Votre Sainteté saura qu'ils sont dans cette « Genève maudite plus de deux mille de la haute « noblesse et naguère de la meilleure doctrine, il

« faut en faire la recouverte et détruire cette mi-« sérable ville. »

Pour parvenir à ce but, Borromée promet à Emmanuel-Philibert le concours de la France, de l'Espagne, de la république de Venise et des chanoines de Genève qui votent trois mille écus à Annecy pour récupérer leurs siéges dans la cathédrale qu'ils ont perdue en 1535.

Le 2 juin 1560, le confesseur du pauvre monarque François II, âgé de seize ans, lui fait écrire au saint-père :

« Notre très-cher oncle le duc de Savoie nous « a communiqué une entreprise qu'il a envie « d'exécuter, non point tant par rapport du prouf-« fit et utillité qu'il en peut espérer que pour le « repos et tranquillité universelle de toute la « chrétienté et le désir qu'il a d'appeler tous les « princes chrétiens à son aide pour l'exécution « d'une si louable et sainte entreprise comme la « sienne. »

« Ayant considéré, Très-Saint Père, que vous « êtes entre tous les princes chrétiens et Poten-« tats de l'Europe celui à qui l'exaltation de no-« tre foi doit être plus à cœur qu'à nul autre, « nous vous prions humblement, comme votre

« premier fils très-chrétien, de vouloir bien assister notre oncle de toutes vos forces. Cela nous « fera un très-grand plaisir et consolation de voir « que Votre Sainteté veuille entendre ce que le « prince de Piémont fait proposer.

« Saint-Germain en Laye, le 2 juin 1560. »

Une lettre semblable fut écrite à Venise et au roi d'Espagne. Le pape reçut promptement la sienne, car le 11 juin il répond au jeune roi de France :

« Nous savons bien déjà que notre bien aimé « Emmanuel-Philibert demande secours et appui « pour remettre Genève sous sa domination. « Nous louons ce dessein et nous vous demandons « d'y contribuer aussi largement.

« *Rien de plus beau et de plus honorable ne peut* « *être exécuté*.

« Cette ville a toujours été l'asile des hérétiques français et italiens. Les plus détestables « conseils sont partis de son sein pour exciter « des tumultes et des séditions dans votre « royaume. Jamais, tant que cette ville sera au « pouvoir des hérétiques, il ne manquera un ré-

« ceptacle pour les ennemis de la foi catholique « et pour vos rebelles sujets, aussi nous vous « exhortons de tout votre cœur et nous deman- « dons formellement à Votre Majesté, le plus « grand nombre de cavaliers, de fantassins et au- « tres secours pour récupérer cette ville. Ce fai- « sant, vous ferez une œuvre très-agréable à « Dieu et très-utile pour la paix du royaume.

« En effet, en ôtant cet azile *préparé et sûr* à « tous les hérétiques de vos États, vous briserez « le courage et l'esprit de tous ceux qui pensent « mal parmi vos sujets. Nous vous recommandons « l'évêque de Viterbe qui porte notre réponse, et « nous vous envoyons notre sainte bénédiction.

« Rome, auprès de St-Pierre, onze juin 1560. »

Le cardinal Borromée, connaissant la force du secours que les Suisses réformés pouvaient fournir aux Genevois, voulut leur enlever cette chance de salut. Il écrit au pape le 18 juin : « Comme il « est nécessaire que les cantons catholiques atta- « quent les cantons protestants pour les empêcher « de venir en aide à Genève, lorsque les forces « unies sous son Altesse de Savoie l'attaqueront,

« Sa Sainteté déposera aux mains de Thomas
« Marini de Milan, la somme de vingt mille écus
« pour être distribués aux catholiques suisses;
« grâce à cet argent, les cantons hérétiques ne
« pourront venir au secours de Genève quand on
« lui donnera l'assaut.

M. de Collegno, ministre à Turin, reçoit des promesses analogues. « Le saint-père fera comp-
« ter vingt mille écus sonnants, pour payer
« les troupes de son Altesse pendant trois mois
« que cette entreprise peut durer.

« Le saint-père enverra la cavallerie à ses
« frais pour saisir les fugitifs genevois. Il faut que
« cette guerre soit courte, vu que les Turcs pour-
« raient bien nous inquiéter. Sa Sainteté trouve à
« propos de ne pas appeler cette guerre *lutérienne*,
« mais seulement Guerre contre les rebelles, vu
« que Genève est la propriété du duc Emmanuel-
« Philibert.

« Enfin Sa Sainteté obtiendra du roi de France
« qu'il fasse partir des détachements pris aux
« cinq garnisons qu'il a en Piémont afin que le
« duc voie que le pape désire son bien-être. »

La mort inopinée de François II interrompit pour quelque temps ces entreprises. Mais ce fait accidentel ne fut pas l'élément principal de la sécurité de Genève.

Calvin possédait auprès des États protestants une position que nul ministre de l'évangile n'a occupée depuis le seizième siècle.

Dès l'an 1548, lorsque son autorité semblait fort mal établie à Genève, il était prié d'envoyer des directions intimes au jeune roi d'Angleterre. Il devenait en 1560 le correspondant préféré de la reine Élisabeth qui lui soumettait les plus graves affaires concernant la religion du royaume. Il dédiait ses livres aux principales cours protestantes. Le roi de Danemark acceptait ses conseils touchant des points épineux de législation. Le roi de Navarre supportait, touchant sa conduite morale, des remontrances qu'il serait difficile d'écrire maintenant au plus modeste membre d'une paroisse. Enfin les Églises de France et des Pays-Bas le reconnaissaient pour leur chef religieux et la noblesse protestante l'entourait d'une profonde vénération. En résumé, la courageuse hospitalité envers les victimes de Rome, la diffusion permanente des lettres et des livres entretenaient pour

Calvin et Genève une sympathique protection dans l'Europe réformée.

La Cour romaine et la Ligue française reconnaissaient le crédit de Calvin. Un légat écrivait longtemps après sa mort : « Tant que cet homme « gouverna Genève il ne fut guère possible d'en « faire la recouverte. »

Il est à croire que les remontrances des princes protestants furent très-sérieuses à Rome, car en février 1561 le député de Savoie ayant voulu revenir à la charge auprès du pape contre Genève, le saint-père s'écria devant Moula, ambassadeur de Venise : « Où en sommes-nous, grand Dieu! « qu'on nous fasse de semblables propositions. « C'est la paix qu'il nous faut avant tout, et pour « longtemps. »

Mais les jours du grand Refuge se levaient pour Genève, et un an après la mort de Calvin, le cruel pontife, Pie V, décidait l'extermination des réformés de France par le fer et le feu. Nous reproduisons ses lettres et ses décrets, publiés pour la première fois en 1640, avec tous les éloges que peut obtenir l'application des lois contre l'hérésie.

Voici les principales de ces missives :

En 1565, Pie V écrit à Charles IX [1].

« Nous vous envoyons 25,000 écus, mais il « faut au plus vite détruire les huguenots. La « secte de Calvin est la plus portée de mettre à « bas les princes et les pouvoirs des États. Ces « gens sont aussi sensuels que les Mahométans. « Ils nous font courir les plus grands périls en « Italie, et l'on sait s'il est facile d'allumer ce feu « dans nos contrées méridionales. »

La guerre ayant éclaté entre les catholiques et les réformés, Pie V envoie la bénédiction suivante aux chefs dévoués à sa cause (1567) :

« Que les destructeurs des hérétiques, hommes « distingués par leur noblesse, sachent bien de « notre part que ceux qui périssent dans la dé- « fense de notre sainte foi « *passent immédiate-* « *ment de la mort à la vie.* »

Le Pape se fait rendre un compte exact des

[1] *Vie et lettres de S. S. Pie V*, par Goubeau. Rome, 1647.

événements, il s'oppose à tout projet de réconciliation. En 1569, il y eut un moment d'apaisement et de bonne volonté envers les protestants. Aussitôt Pie V écrit à la Cour de France : « Nous « remarquons avec douleur qu'on n'a pas exécuté « d'après l'édit du roi la confiscation des biens « des hérétiques. Cela eût été très-utile pour te- « nir dans la foi ceux qui chancelaient, et pour « éloigner avec terreur tous les autres de la so- « ciété abominable des protestants et toute amitié « avec eux. »

On obéit au pape qui écrit deux mois plus tard : « Nous avons appris dans toute la joie de notre « âme que vous avez réellement fait le partage « des biens des hérétiques dans le comtat d'Avi- « gnon et Venaissins, mais notre joie ne sera pas « moins vive lorsque nous saurons qu'avec ces « biens vous relevez les églises brûlées et vous « payez la guerre contre les huguenots. »

Le 20 octobre 1569, après la bataille de Moncontour.... Rome s'est mise en réjouissance publique à la première nouvelle de cette victoire. Elle tressaille de plaisir comme si elle avait échappé à un malheur domestique. « Que Votre Majesté use « de son succès et mette un terme à la plus déplo-

« rable des guerres, nous vous y exhortons avec
« toute l'ardeur de notre âme ! »

« Des parents et des amis, sous le voile de la
« compassion, demandent grâce pour plusieurs de
« vos ennemis, mais le devoir de ma charge m'o-
« blige à vous commander de leur infliger les sup-
« plices déterminés par les lois.

« Le fruit de la victoire doit être l'extermina-
« tion de tous les infâmes hérétiques, en vertu de
« la juste haine qu'ils inspirent. *Rien n'est plus*
« *cruel que la miséricorde envers ces impies.*

« Pour pacifier votre royaume, vous devez faire
« mettre à mort tous ceux qui ont porté des armes
« criminelles contre le Dieu tout-puissant, et éta-
« blir des inquisiteurs contre la scélératesse des
« huguenots dans chacune de vos villes. »

Malgré la soumission de la Cour de France, on n'obéit pas au saint-père et même on accepte la rançon d'un général protestant, Mgr. Dassier.... Le pape écrit : « Nous avons apris que le princi-
« pal huguenot est racheté pour 12,000 écus. Je
« suis malheureux d'entendre que vous n'avez pas
« observé mon commandement de tuer de suite
« tous les protestants qui sont tombés entre vos
« mains, nous demandons que vous n'en laissiez

« aucun en prison et que vous n'acceptiez aucun « rachat [1]. »

L'année suivante (1570) la paix se négocie et Pie V écrit le 29 janvier au cardinal de Bourbon et à Catherine de Médicis :

« Le bruit circule de la paix entre le roi et ces « rebelles ennemis du Seigneur et du royaume. « Nous avons horreur de cette union ; il n'y a au- « cune alliance entre Satan et les enfants de lu- « mière, sinon feinte et trompeuse à cause de « leurs conspirations. Point de repos et que les « derniers restes disparaissent. »

Malgré les ordres du pape, la paix se fit en 1572. Pie V mourut quelques semaines avant la St.-Barthélemy, et nous avons le droit de lui en imputer la responsabilité morale.

Son successeur immédiat, Grégoire XIII, fit illuminer Rome et chanter un *Te Deum* à la nouvelle du massacre. Il est vrai que quelques semaines plus tard, sous l'impression de l'horreur universelle, le saint-père désavoua la St.-Bar-

[1] Édition latine, page 85. *Lettres de Pie V.*

thélemy. Néanmoins le fait est dépeint triomphalement sur une voûte du Vatican ; il est gravé sur la médaille frappée en sa mémoire et sculpté sur un pan du tombeau de Pie V à Ste.-Marie-Majeure. . . . .

Au milieu de ce déchaînement général des passions ultramontaines, que fera Genève gouvernée par les héritiers de l'esprit de Calvin ? Voudra-t-elle braver, en exerçant l'hospitalité, le courroux de Catherine de Médicis et la rancune du pape qui peuvent aisément envoyer une armée suffisante dans la vallée du Léman ? Le danger était sérieux et l'angoisse peu dissimulée. On en peut juger par ces dépêches inédites des gouverneurs français et savoyards voisins de Genève, au sujet des émigrés de la Saint-Barthélemy :

6 septembre 1572.

Au duc de Savoie.

Altesse,

« Je n'ai eu rien de particulier à vous mander « jusqu'à ce jour dernier d'août, où nous avons été « saisis par le passage de bandes nombreuses de

« Français qui se retirent à Genève, tant par le
« pas de la Cluse que par la Franche-Comté et le
« Jura. Il est un de leurs chefs qui se fait appeler
« M. de Chaumont. A Genève ils craignent telle-
« ment une attaque de France qu'ils ont renforcé
« leur ville par tous leurs paysans armés et fait
« faire dans les temples *certains jeûnes* par leurs
« habitants. »

Une autre dépêche :

« 15 septembre.

« La peste, la maladie corporelle est fort apai-
« sée dans ce pays, mais celle de l'esperit se ren-
« dra en les Genevois toujours plus perverse et
« obstinée, laquelle les tient avec justice en une
« si continuelle alarme qu'ils font nuit et jour soi-
« gneuse garde et qu'il ne se passe pas de se-
« maine qu'ils ne se donnent quelque effroyable
« peur. L'autre jour les vaches qui descendaient la
« montagne leur en firent une telle, que les fem-
« mes allaient criant miséricorde par la ville.....
« et à mon avis avec grand fondement, vu la réso-
« lution des deux rois qui rendra possible *la chose*
« qui est désirée d'un chacun. Aussi dans Genève

« ils font diligence de redresser les remparts et « de faire un terre-plein du côté de St.-Gervais « (France)... J'adjoute que les enfans de l'Amiral « sont dans la ville en petit estat comme aussi les « Français qui continuent à venir presque tous en « grande langueur. »

Le péril était imminent. Charles IX, excité par sa mère, voulait exercer une vengeance complète et réduire la ville, qui renfermait alors 1200 familles réfugiées.

Le comte Palatin appréciait la gravité de la situation quand il écrivait de Heidelberg aux Genevois, le 15 octobre 1572 :

« L'affreuse conspiration qui ravage la France « fut tramée dans le concile de Trente ; elle me- « nace de s'étendre partout. Il serait à propos « que toutes les puissances de la Religion tins- « sent une assemblée pour voir ce que les uns et « les autres pourraient faire afin de conjurer le « péril universel. »

Si les Genevois, menacés et persécutés par des

pontifes tels que Pie V et Grégoire XIII, eussent renoncé à leur mission fraternelle et fait passer en Allemagne leurs coreligionnaires français et italiens, aucun historien n'aurait pu les blâmer, « la prudence étant la mère de la sûreté. » Mais nos ancêtres tinrent ferme et l'on put redire dans la poésie du temps :

Sur les bords du beau lac genevois
Pauvres chrétiens accourent sans lasser
Maulgré princes et rois.

La mort de Charles IX amortit le zèle conspirateur dans les régions officielles de la France catholique, et pendant seize années la crainte légitime des Suisses modéra les désirs ultramontains. Mais en 1586, les préparatifs de guerre organisés par la Cour de Rome menaçant de nouveau Genève, les amis protestants du Nord manifestèrent leur bon vouloir envers la cité de Calvin. La reine Élisabeth envoya 5,039 livres sterling! Elle écrivit aux Suisses pour les engager à secourir Genève, cette république privée momentanément de leur appui par de fâcheuses discussions intercantonales. Les Églises de France ravagées par des misères intestines, et les persécutions incessantes de la Ligue ne pouvaient rien faire en faveur de leur métropole religieuse, mais quelques officiers protestants arrivèrent, et leurs bons offices furent très-appréciés dans les troupes genevoises.

La guerre dura de 1589 à 1593 ; elle coûta à la République 400,000 écus et 15,000 soldats.

Son issue eût été funeste, si Henri IV, après avoir battu Charles-Emmanuel de Savoie qui attaquait la Provence, ne lui eût imposé une série de trêves en faveur de « ses grands amis de Genève. »

Cette incertitude fatale aux intérêts de la cité protestante fut terminée par la paix de Vervins en 1598 ; Henri IV décida que Genève serait comprise dans ses clauses comme alliée des Suisses. Trois ans plus tard, l'alliance universelle fut renouvelée (1601) à Lyon, mais dans ces deux actes le roi de France ne put obtenir du pape et de l'Espagne que Genève y fût indiquée par son nom, le titre d'*alliée des Confédérés* devait suffire.

Cette paix douteuse laissa Genève dans une perpétuelle angoisse. Les citoyens protestants savaient que les chefs et les amis de Rome ne reculeraient devant aucune intrigue militaire pour ramener cette ville au giron de leur Église...

Le plan de François de Sales, adopté par le prince de Savoie, ne laissait aucun doute à cet égard.

« Il n'y a nul doute, disait le grand prélat à son « chef temporel, que l'hérésie de l'Europe ne vint « à être grandement débilitée si cette cité était « domptée et détruite, parce que c'est le siége de « Satan d'où il épanche l'hérésie sur tout le reste « du monde. Calvin, et après lui de Bèze, y ont « choisi leur domicile. Toutes les Églises préten- « dues réformées de France se rapportent aux mi- « nistres de France quant aux affaires ecclésias- « tiques. Il se trouve en outre en cette ville des « hérétiques de toutes les nations, des Italiens, « Allemands, Polonais, Espagnols, Anglais, et « des provinces éloignées. Aucune ville en Eu- « rope ne reçoit autant d'apostats tant séculiers « que réguliers.

« Que dirai-je de ces belles et magnifiques im- « primeries par lesquelles cette ville remplit toute « la terre de ces méchants livres. Puis ces écoles « où l'on voit une quantité de jeunes gentilshom- « mes de France et d'Allemagne. Enfin ces con-

« tinuels exercices de prédication, leçons, confé-
« rences, disputes, compositions de livres et au-
« tres semblables, qui entretiennent merveilleu-
« sement l'hérésie. . . . De là je conclus que
« Genève étant abattue, il est nécessaire que la
« doctrine hérétique se dissipe. Pour arriver à
« ces fins il faut instituer les jésuites à Thonon,
« une imprimerie à Annecy, afin de river leurs
« clous aux docteurs protestants. *Les autres*
« *moyens qui regardent proprement la destruction*
« *de Genève ne sont point de mon gibier et de mon*
« *humeur. Votre Altesse a en mains plus d'expé-*
« *dients que je n'en saurais penser.* »

Cette phrase jetée négligemment à la fin du discours de François de Sales demeura stéréotypée dans le cœur du prince de Savoie. Nul ne lui avait encore si bien décrit la double mission de Genève, ni fait comprendre le service qu'il rendrait à la papauté par la conquête de la Babylone hérétique.

Le traité de Lyon, l'amitié de Henri IV et la protection des Suisses réformés rendant bien difficile une guerre ouverte, « l'entreprinse contre Genève fut tramée entre le pape, le roi d'Espagne et le duc de Savoie. »

Nous publions pour la première fois le traité secret conclu à Rome et à Turin, et nous insistons sur cette attaque du 12 décembre 1602, vu que son issue devait avoir des conséquences capitales pour le sort de notre ville et des protestants français.

Le pape Clément VIII veut avant tout obtenir le secours de Henri IV (avril 1602) ou du moins le disposer à une neutralité silencieuse. Il envoie le cardinal Buffalo avec ces instructions :

« Parlez sérieusement à Sa Majesté très-chré- « tienne du nid de huguenots qui est à Genève et « qui, semblable à la ville d'Attila quand les héré- « tiques fuyaient d'Italie, est devenue la Babylone « des mensonges. Si nous ne pouvons pas la con- « vertir de fait, il faut absolument y introduire « la religion catholique. Ce à quoi Sa Majesté « très-chrétienne peut nous aider infiniment en « envoyant des troupes par le Pas-de-l'Écluse, ce « qui serait très-profitable pour la sainte Église « et la conversion de Genève. »

La réponse de Henri IV au pape n'est pas inscrite dans la dépêche de Buffalo. Mais huit jours plus tard le malin monarque écrivait (30 avril 1602) aux magistrats genevois :

« Je suis assuré maintenant de tel dessein du « pape. Le duc de Savoie a décidé le roi d'Espa- « gne au moyen du comte de Fuentes (gouverneur « de Milan).

« Le saint-père fait semblant que l'entreprise « ne lui est pas favorable par crainte de troubler « la paix. Mais il promet par dessous main de « fournir à une partie des frais du siége, et déjà « il paye l'entretien de plusieurs mille soldats en « Piémont. Donnez avis à MM. de Berne. Le car- « dinal Aldobrandin est à la tête de l'affaire. »

Henri IV rendait un grand service à nos ancêtres, et voici le résumé des négociations traitées en mars et avril 1602 entre Rome et Turin :

Si Genève est prise, le jeune prince de Piémont épousera la fille de François Aldobrandini, nièce de Clément VIII.

Sa Sainteté donnera le titre de roi à Son Altesse de Savoie, pour honorer justement cette maison apparentée avec les plus grands potentats de la chrétienté.

Pour le service de Dieu et de la sainte Église, pour le bénéfice commun de leurs États, pour l'autorité et la dignité des contractants, ceux-ci, unis par une sincère amitié, ont promis ce qui suit :

Le cardinal Aldobrandini (frère du pape) s'oblige à procurer au duc l'occasion opportune de réduire Genève à l'obéissance du siége apostolique, comme elle était auparavant sous le règne de Son Altesse de Savoie, comme aussi de reprendre Lausanne et le pays de Vaud, et les autres lieux hérétiques usurpés par les Bernois.

Le cardinal Aldobrandini s'engage à employer dans cette guerre toutes les forces et l'autorité que possède le siége apostolique.

Si dans l'exécution de cette entreprise il survenait une rupture avec la France, le cardinal Aldobrandini ferait tout son possible pour adoucir et détourner le courroux de Sa Majesté très-chrétienne en employant l'autorité du saint-père pour protéger le duc et ses États de tout malheur extérieur. Le contenu du présent demeurera secret, sauf pour les deux négociateurs qui le connaissent. — Verrua et Castel-Argent.

Tout était organisé pour la reprise de Genève

en décembre 1602 sous le rapport ecclésiastique. François de Sales était sacré le 8 décembre évêque de l'ancien diocèse, et de Turin on envoyait les ornements nécessaires pour célébrer la fête de Noël dans la cathédrale genevoise.

L'organisation militaire ne laissait rien à désirer. 4000 Espagnols, soldats de fortune, Italiens, Gascons et nobles Savoisiens, munis des armes et des engins nécessaires à un assaut, sont réunis à deux lieues de la ville. Dans la nuit obscure du 12 décembre (vieux style) un corps d'élite escalade les murailles de Genève. Il est surpris et taillé en pièces par les bourgeois réveillés en sursaut et qui combattent en désespérés, sachant qu'ils sauvent leur existence nationale et religieuse. La victoire est complète, elle portera désormais le nom d'ESCALADE.

Les Suisses réformés, les princes protestants, Henri IV à leur tête, s'emparent sérieusement de l'affaire. Ils obligent le duc de Savoie à conclure une paix garantie par les États amis de Genève. Le traité de St-Julien fut signé en juillet 1603, et dès lors la métropole réformée retrouva une sécurité diplomatique suffisante pour continuer l'œuvre établie dans ses murs par le génie de Calvin.

Nous avons présenté ces détails diplomatiques afin d'établir l'importance de la bataille genevoise pour la Réformation française et italienne.

Supposons en effet que l'Escalade ait réussi. Les troupes pontificales se sont emparées des anciens États du prince de Savoie, la vallée du Léman et les plaines jusqu'à Morat rentrent sous la domination romaine.

Que deviennent dès lors les grandes émigrations protestantes du seizième siècle, ces Italiens si regrettés par Borromée, les enfants des victimes de François Ier, les échappés de la St.-Barthélemy, tous ceux qui ont préféré la ruine et l'exil à l'apostasie? Les voyez-vous en janvier 1603, livrés sans miséricorde à l'inquisition espagnole et romaine!

Puis transportons-nous en 1685. . . . . L'exode de la Révocation commence et durera plus de quarante années. Quel était le sort de la moitié des réfugiés de l'Édit de Nantes sans la victoire de l'Escalade?

Les émigrés voisins de l'Atlantique et de la Manche pouvaient s'embarquer de Bordeaux à Dieppe pour gagner l'Angleterre. Les provinces qui entourent Paris et les Églises du Nord passaient en Hollande, dans l'Alsace et le Palatinat.

Mais le Midi! Les Cévennes, l'Ardèche, Montpellier, Nîmes, le Languedoc, le Dauphiné, la vallée du Rhône, Lyon et sa banlieue, que deviennent leurs émigrés? Quelle route demeurait ouverte si Genève, Lausanne, la vallée du Léman n'avaient pu recueillir pendant trente années les fugitifs qui suivaient les bords du Rhône ou franchissaient les passes du Jura.

Quelle chance de réussite fournie à Louis XIV et à la Maintenon par le barrage de l'asile helvétique. Mais, Dieu soit béni, « les bords du beau lac genevois » ont vu passer les milliers qu'attendait l'hospitalité du Nord. La vallée du Léman a recueilli des colonies plus nombreuses encore qui ont apporté leurs bras à l'agriculture de nos campagnes, leur habileté aux industries, leur intelligence aux sciences et aux lettres, leur foi sanctifiée par le martyre aux Églises, et l'hospitalité pour les proscrits de la Révocation fut le couronnement de l'œuvre internationale et chrétienne de Calvin à Genève.

CHAPITRE IV

Calvin et la morale chrétienne à Genève.

Les Genevois avaient déployé un courage héroïque, une indomptable persévérance pour conquérir cette liberté « si chère tenue par leurs ancê« tres et leurs parents. » Ils ont juré volontairement « créance et soumission à l'Évangile sainte« ment prêché par les Réformateurs . . . » Il semble que tout est accompli et que la dignité morale, conséquence nécessaire de la foi chrétienne, se manifestera dans la vie privée et la conduite extérieure des citoyens. Mais aux combats livrés à l'ennemi des libertés nationales succèdent les discordes touchant la foi et les mœurs. Une partie des citoyens s'efforce de se montrer chrétiens fidèles devant Dieu et les hommes. D'autres, hélas, trop nombreux dans les petits États et les grandes monarchies, ne peuvent accepter la loi du perfectionnement pratique : Tels que l'Évangile les a rencontrés, tels ils demeureront jusqu'à la fin, pratiquant le bien à leurs heures et suivant le regard de leurs yeux sans lutte de volonté, ni remords de conscience.

Plusieurs citoyens dont le courage militaire et les talents diplomatiques ont favorisé l'établissement de la réforme et l'indépendance du pays estiment que les services rendus les placent au-dessus des lois et que nul ne peut s'opposer aux excès du luxe, aux fâcheuses habitudes tolérées par l'ancien régime ecclésiastique.

Calvin, âgé de 26 ans, a compris tout le péril de la situation. Dès les premiers jours de son ministère à Genève, il veut faire adopter les règles d'une morale rigoureuse. Il sait par l'histoire antique et les annales contemporaines que l'immoralité compromet les plus belles positions sociales, énerve les gouvernements les plus forts, et abâtardit les communautés religieuses les plus florissantes. Calvin sait que ce vice décime la jeunesse, déshonore les familles, enlève aux magistrats le sentiment de leur responsabilité, provoque le détournement des deniers publics.

Au seizième siècle comme de nos jours, les

ruines honteuses entassées par le désordre des mœurs n'ont corrigé personne.

Calvin voulait combattre l'immoralité par la force légale, il fit revivre et compléta des ordonnances qui regardaient les infractions aux préceptes chrétiens comme des délits de droit commun.

La rigide discipline du second siècle fut remise en vigueur. L'excommunication, l'amende honorable, la prison et l'exil frappèrent les délinquants chez ce peuple fier et jaloux de ses libertés. Nul ne fut épargné, les pères de famille, les négociants, les professeurs, les ministres du culte, les jeunes hommes, les dames et les ouvrières, les magistrats libérateurs du pays, les amis de l'Église aux jours fâcheux de la réforme, tous subirent les arrêts de cette législation.

L'application des ordonnances ecclésiastiques suscita des révoltes individuelles et des émeutes. Calvin et ses amis ne transigeant en aucune circonstance, eurent souvent de pénibles déceptions. L'excommunication était rigoureusement appliquée et produisait un double résultat. Parfois le délinquant, éloigné de la sainte Cène par le jugement du Consistoire, cédait aux appels de sa conscience, obtenait le pardon, et réintégré dans ses droits, ne souffrait aucun fâcheux souvenir. La justice et la charité chrétienne s'exerçaient pleinement dans ces usages des premiers réformés. Mais trop souvent les gens éloignés de la sainte Cène étaient sous l'empire de sentiments opposés, ils professaient une indifférence railleuse pour cette mesure. Ils redisaient : « On nous exclut du « temple, nous n'y rentrerons pas et nous vivrons « très-bien sans ces cérémonies. »

Cette conduite dénotait une lacune profonde dans les croyances chrétiennes. On essayait, mais en vain, d'y remédier par des peines prononcées contre les absents volontaires, le mal ne diminuait pas et la paix de l'Église genevoise reçut de pénibles atteintes. L'antipathie contre l'excommunication atteignit des proportions alarmantes. Le 10 novembre 1536, le Conseil général avait librement adopté la confession de foi dont nous avons donné l'analyse, et l'année suivante les inspecteurs qui faisaient le tour des familles et recueillaient les adhésions nécessaires pour être admis à la communion dans les temples, revenaient découragés par le nombre des refus obstinés. Ceux qui avaient joyeusement voté la substitution de l'Évangile aux maximes de Rome, n'engageaient point leur conscience touchant les points spéciaux du code religieux... Une partie notable de la population se montrait indifférente ou hostile.

Aux approches de Pâques 1538, les choses s'enveniment, des querelles scandaleuses ont lieu, dans les tavernes on se moque des prêcheurs; on s'aborde en disant :

— « Es-tu des frères en Christ?

— « Oui, sans doute.

— « Eh, parbleu, tu t'en repentiras, » etc.

Les Bernois, sans le vouloir, aggravent la situation. Un synode convoqué à Lausanne décide que la Cène serait administrée avec des pains sans levain (oublies ou gâteaux) et que l'on rétablirait trois ou quatre fêtes catholiques pour être en accord avec la Suisse. Calvin et Farel s'opposent à cet inutile cérémonial. Mais les Conseils, désireux de plaire aux Confédérés, adoptent les propositions bernoises et veulent obliger les pasteurs de se soumettre à leur décision.

C'était l'avant-veille de Pâques, Coraut, prédicateur aveugle et d'un caractère emporté, aggrave son refus par ces grossières injures :

« Vous, magistrats, vous avez des pieds de

« cire! vous pensez que le royaume des cieux est « comme celui des grenouilles (où chacun crie à « sa guise), etc. »

Coraut, malgré l'opposition des réformés qui rappellent ses éminents services, est conduit en prison. Farel et Calvin déclarent qu'ils prêcheront le jour de Pâques, mais qu'ils refuseront la Cène « non point à cause du pain qui est chose « indifférente à la liberté de l'Église, mais à cause « des désordres et des abominations qui ont lieu « dans cette ville, ainsi que les blasphèmes, irri- « sions contre Dieu et moqueries de sa parole. » Ils accomplissent leur dessein, et le sermon achevé, ils ne célèbrent point la sainte Cène. Un tumulte grave trouble la ville et le lendemain, 22 avril, les magistrats ayant délibéré sur la révolte des pasteurs et leur persistance dans leurs refus d'obéir au Gouvernement portent la chose devant le peuple et prennent l'avis du Conseil général. A la première question : Voulez-vous vivre suivant les cérémonies réglées à Lausanne?... la majorité des voix répond affirmativement.

A la seconde question : Faut-il donner congé à Maistres Calvin, Farel et aux autres qui ont violé les ordres des magistrats?... La majorité est éga-

lement affirmative. « Les deux réformateurs doi-
« vent vuider la cité sous trois jours. »

Calvin répond : « A la bonne heure! si nous « eussions servi les hommes, nous fussions esté « mal récompensés, mais nous servons un plus « grand Maistre qui nous récompensera. »

Farel et Calvin se rendent à Berne, ils expliquent en détail leur conduite, les Bernois font une tentative de conciliation, mais ils échouent contre la volonté malveillante de la majorité genevoise.

Farel est reçu à Neuchâtel avec honneur et affection.

Calvin accepte l'invitation de Strasbourg et, malgré sa jeunesse, il devient l'un des personnages les plus importants de la Réforme.

A Genève le peuple ne fut pas longtemps sans comprendre son ingratitude et ses torts envers les chefs de la Réforme au pays romand.

Les Conseillers qui avaient provoqué leur exil furent bientôt renvoyés pour avoir cédé aux Bernois les droits sur quelques villages genevois. La Réformation, qui a si puissamment consolidé la liberté nationale, est mise en péril. D'habiles écrivains catholiques profitent de l'absence de Calvin pour organiser une mission dans Genève, le pape charge de cette affaire Sadolet, le plus spirituel et le plus doux parmi les polémistes du seizième siècle. On espère que son Adresse (chef-d'œuvre de logique et de talent) ramènera les Genevois au giron de l'Église. Calvin, informé de ce péril, envoie une réponse dont la forme et le fond enlèvent tout espoir de succès au savant prélat. D'autre part, les ministres remplaçant les réformateurs étaient de médiocres orateurs, ou de ridicules commentateurs des Écritures, et l'on soupirait en songeant aux heures passées dans les temples pour entendre les hérauts de la Réforme. Un remords sérieux agitait les consciences à la pensée de Farel qui a si grandement travaillé à la libération du joug épiscopal et qui a pu dire aux magistrats qui provoquaient son exil : « Ah ! « Messieurs, sans moi vous ne seriez pas dans cet « Hôtel de Ville... » « Farel est honoré et béni à « Neuchâtel et nous l'avons déchassé !... »

Enfin ce jeune Calvin, passionné pour la sainteté morale, prend une part glorieuse aux réformes de France, de Hollande ; on le consulte même pour les affaires religieuses d'Allemagne. Il est tenu pour le plus redoutable adversaire de Rome. A Strasbourg, il est reçu au nombre des docteurs de cette illustre cité!... Et l'on commençait à parler du retour des exilés. Ces regrets sont catégoriquement exprimés dans un Conseil général le 17 juin 1540.

Voici ce protocole : « Il ne faut tascher (prendre pour but) sinon de se retourner à Dieu et « de remettre les choses en l'ordre où elles étaient « il y a quatre ou cinq ans, que chacun tenait cette « ville en grosse estime, et y venaient gens de « tout pays pour voir l'ordre qui était conforme à « l'Évangile, tant aux magistrats, aux ministres, « à l'hôpital, qu'au collége (sans cet ordre remis « en vigueur). Sans cela nous battrons à froid et « ce sera toujours de mal en pis et à recommencer. »

Calvin, de son côté, regrette la cité des bords du Léman. Dans sa réponse au prélat Sadolet, son noble et pieux adversaire, il dit : « Je ne puis « distraire mon esprit de l'Église de Genève, ni « la moins aimer et tenir chère que mon âme. « Quoique déchargé pour le présent de son administration, je lui porte une paternelle amour et « charité. Car Dieu en *m'ordonnant* une fois pour

« elle, m'a obligé à lui tenir toujours foi et « loyauté... »

Mais si l'esprit est plein de forces, la chair est faible et Calvin dit ailleurs : « Retourner à Ge- « nève avec Farel serait une satisfaction pour la « cause que nous représentons. Mais cette pensée « me renverse... Aller de nouveau me jeter dans « ce gouffre... J'ai, à la vérité, des luttes à sou- « tenir ici, mais elles m'exercent sans m'abat- « tre. »

Ces indécisions furent surmontées par les doux sentiments que font naître chez Calvin les chaleureux et persévérants efforts de ses amis genevois pour obtenir son rappel. Les choses ont bien changé, car le 13 octobre 1540, le Conseil des CC inscrit ces paroles : « Afin que l'honneur et « la gloire de Dieu soient avancés, on cherchera « tous les moyens qu'il sera possible pour ravoir « maître Calvin, lequel est bien savant pour l'a- « vancement de la Parole de Dieu... » Et le 20 du même mois le Conseil général confirme ce message.

Calvin, heureux de ces bonnes nouvelles, accepte sa mission dans son Église regrettée, mais, chargé d'une importante négociation à la Diète de Ratisbonne, il ne pourra pas revenir à Genève avant le mois de septembre 1541.

Calvin quitte Strasbourg emportant les regrets affectueux de la communauté réformée et de l'Université. Il est accompagné de son épouse, Idelette de Bure, la pieuse femme qui sera l'excellente amie, l'aide fidèle dans les fatigues, le péril et la souffrance.

Dès les premiers jours de sa réinstallation, les autorités genevoises consacrent au jeune réformateur les paroles suivantes transmises à la postérité :

« Le 4 octobre 1541. Comme maistre Jehan « Calvin est homme de grand savoir et propice à « la restauration des Églises chrétiennes et qu'il « soutient grande charge de passants, ordonné « qu'il ait 500 florins de gage par an, 12 coupes « de bled et deux bossots de vin [1]. »

C'est dans cette simple délibération que les Conseils genevois annoncent la tâche saintement entreprise par Calvin, savoir la direction religieuse des Églises réformées et la protection des

[1] 6,000 francs de notre monnaie.

exilés qui choisiront le lieu de sa demeure pour refuge assuré contre les persécutions romaines.

Nous avons offert avec détails cette première phase du ministère de Calvin à Genève, afin d'établir clairement la position du réformateur dans les conflits avec les partisans de la liberté poussée jusqu'à la licence.

Calvin étant rétabli dans Genève par le vote populaire, on pouvait espérer que la paix morale et religieuse serait conservée après les récentes épreuves. Effectivement, les premiers temps furent favorables, les antiques lois somptuaires et les nouvelles ordonnances ecclésiastiques reçurent une sanction nationale. Les écoles, passablement désorganisées pendant l'exil des réformateurs, furent rétablies dans un ordre sérieux et les enfants apprirent à mieux connaître les vérités évangéliques mises à leur portée dans des enseignements spéciaux.

Les exilés, les victimes de l'inquisition italienne et espagnole, les proscrits des monarques et des prélats français, affluaient à Genève et plus de deux mille y trouvaient asile. C'étaient, au témoignage de Borromée, « des gens de grand savoir » et du plus haut caractère. » Les temples fréquentés par les foules exigeaient des services nombreux, et autour de la chaire de Calvin enseignant la théologie, se pressaient plusieurs centaines de jeunes hommes destinés « à dresser de nouvelles « Églises en France. »

Cette prospérité chrétienne était péniblement troublée. Calvin passait de tristes moments dans son ministère pratique et ses douleurs intimes les plus fortes étaient causées par les excès et les scandales de quelques-uns de ses amis, de ceux qui lui avaient ménagé son premier établissement en 1536 et favorisé son rappel de Strasbourg. C'étaient Ami Perrin, François Favre, Claude Genève, Goulaz, Michel Sept, Pierre Savoie. Les familles de ces magistrats comptaient parmi les adversaires irréconciliables des ordonnances ecclésiastiques mises en exécution par le Consistoire. Ces luttes durèrent quinze années et dans la ferveur de la dispute les Calvinistes et les Libertins eurent des torts réciproques. Les ordonnances furent appliquées avec une fâcheuse exagération pour réprimer des délits peu importants et d'autre part les Libertins dépassèrent les bornes tolérées même par une morale indulgente.

Cette période soulève chez les écrivains occupés du seizième siècle genevois une polémique violente. Les auteurs sympathiques à Calvin sont accusés, par leurs adversaires, de partialité aveugle, d'un ridicule fanatisme envers le réformateur. On n'accorde qu'une très-médiocre confiance à leurs affirmations, l'on va jusqu'à nommer *parti national* les ennemis de Calvin et l'on n'est pas loin de trouver que le séjour du réformateur à Genève fut une pénible éventualité.

Quelques partisans de Calvin méritent, il est vrai, de sérieux reproches, ils ont dépassé les bornes de l'apologie, maladroitement représenté tous ses adversaires comme des personnes dépourvues de sens moral. Mais aujourd'hui, grâce aux travaux précédemment énumérés, les erreurs involontaires sont aisément évitées, on peut porter un jugement plus assuré sur les événements controversés du seizième siècle au pays du Léman. Or, en lisant les volumes de Roget contenant les procès politico-religieux de 1538 à 1555, on trouve que ces nouveaux détails autorisent des jugements fort accentués contre les adversaires de la Réforme morale à Genève.

Nous ne pouvons entrer dans le détail des injures, des violences de paroles, des scandales, des émeutes provoquées par les rigueurs des lois somptuaires et la persévérante démoralisation de plusieurs libertins.

Il nous faudrait reproduire sous des formes parfois repoussantes des traits analogues aux scènes de Pâques 1538.

Cette lutte se termina en mai 1555. Une prise d'armes, organisée par les libertins pour s'emparer du gouvernement, échoua grâce à la vigueur du parti calviniste. Quoique le mal matériel se fût borné à des rixes non sanglantes, les chefs de l'émeute furent jugés avec une extrême rigueur. Ils avaient organisé un coup d'État, et les conspirateurs de ce genre payaient de leur tête au seizième siècle leurs essais violents de modifications politiques et religieuses. D'après cette sanguinaire législation quatre chefs des libertins furent décapités et d'autres subirent un bannissement perpétuel et se retirèrent sur les terres de Berne, à quelques kilomètres de Genève.

Après ces lamentables journées la ville recouvra son calme social. Les affaires prirent un cours normal; graduellement les scènes scandaleuses diminuèrent, et l'Église jouit d'une paix qu'elle avait rarement connue dans les temps antérieurs.

Les auteurs qui ont écrit l'histoire de l'Église genevoise et les traits de la vie de Calvin attribuent cette paisible prépondérance de l'élément religieux à la présence des nombreux réfugiés reçus bourgeois de Genève, et des fugitifs profitant de l'hospitalité sans faire partie officielle de la nation. Sans doute les évangéliques italiens et français renforcèrent le parti calviniste. Leur position, leurs souffrances, leur zèle religieux, leurs talents avaient provoqué une haine jalouse chez les libertins. Dans leur dernière émeute ils les menacèrent de l'exil en injuriant les « Français et les porte-Français. » On n'a pas suffisamment condamné ces procédés, et certes ils avaient le sens moral et politique fort dénaturé les citoyens oublieux des sacrifices, des pertes de famille, des ruines, de l'exil volontaire de ces héroïques témoins de la vérité chrétienne qui pensaient avoir trouvé la sécurité et la paix dans les murs de la cité genevoise. Mais il est un autre élément de la paix et des progrès de l'Église dirigée par Calvin dont, à notre connaissance, aucun historien moderne n'a tenu compte. *C'est la jeune génération élevée dans les écoles sous l'influence du Réformateur et des instituteurs choisis parmi les meilleurs amis de l'Évangile.*

Les élèves de 1536 et de 1544 étaient des hommes dans la force de l'âge, de jeunes pères de famille lors des émeutes et des procès de 1555. Ils n'avaient pas subi l'influence des doctrines et de la morale facile autorisées par les usages romains. Cette génération était passionnée pour les libertés nationales, ferme en la foi chrétienne, persuadée que le bon ordre dans les familles, la régularité du travail sont les éléments nécessaires de la conservation des républiques et des monarchies. . . . .

Telle était la majorité qui entourait Calvin, assurait la paix du présent et la sécurité de l'avenir.

Bonivard connaissait à merveille l'influence décisive de ces nouveaux protestants sur les destinées bénies de Genève lorsqu'il écrivit au sujet des affaires de 1555 ces paroles trop peu méditées :

« On met dans les Conseils un tas de jeunes « gens, d'esprit mûr et rassis, qui n'étaient pas « nés et nourris en doctrines et mœurs barbares, « comme la plupart des anciens, mais venus au

« monde un peu avant que l'Évangile vînt et au-
« quel, ainsi qu'aux bonnes lettres, ils furent
« nourris et entretenus. »

CHAPITRE V

Calvin et la dogmatique protestante.

La Réformation en brisant l'infaillibilité que Rome s'attribue, proclama la souveraine autorité des Écritures pour le salut de l'humanité.

Les chefs de cette Église organisée d'après les dogmes et le culte des premiers siècles, savaient que pour soutenir le bon combat vis-à-vis de *l'unité romaine*, il fallait conserver *l'unité évangélique.* Leurs articles de foi embrassaient l'ensemble des vérités chrétiennes.

La croyance à la divinité du Christ.

Le péché originel héréditaire victorieusement combattu par le secours de l'Esprit de Dieu.

La rédemption des pécheurs acquise par le sacrifice de Jésus.

La grâce et le pardon obtenus sans l'intermédiaire des secours humains.

L'immortalité bienheureuse affirmée par la

Résurrection de Jésus-Christ en faveur de ceux qui vivent et meurent confiants en ses promesses.

Ces doctrines touchant le salut deviennent l'élément qui inspire et dirige les réformés au seizième siècle ; ils s'efforcent d'élever leur conduite morale au niveau des préceptes évangéliques, et quand viennent les mauvais jours, on voit les docteurs et les simples fidèles persévérer au milieu des plus cruelles épreuves dans la foi telle qu'ils l'ont apprise.

Les tribunaux romains appliquèrent les lois contre l'hérésie avec une rigueur impitoyable. Les martyrs tombèrent par milliers sur les champs de bataille, les échafauds et les bûchers. L'exil dépeupla des cités industrieuses et des campagnes florissantes.

La législation punissant l'hérésie n'épargna personne au seizième siècle.

Voici le texte de ces lois aujourd'hui fort peu connues en dehors du cercle des théologiens et des légistes.

L'Église au second siècle décrète l'excommunication, la séparation d'avec les personnes menant une conduite scandaleuse.

Les réformateurs adoptèrent l'excommunication.

Au quatrième siècle furent établies les peines contre les hérétiques [1].

Le très-saint concile de Nicée affirmant qu'il reconnaît un Dieu tout-puissant et Jésus-Christ son fils, Dieu de Dieu, lumière de lumière, et le Saint-Esprit auteur de toute grâce, les trois personnes formant l'unité dans la sainte et indivisible Trinité. Cet article de foi doit être reçu dans le monde entier. Donné le 4 janvier 381.

Conformément à cette déclaration, l'empereur Marcion fait savoir que tous les chrétiens, soit clercs, soit militaires, soit de condition quelconque, doivent adopter le susdit concile de Nicée et ceux qui se permettront de produire en public des opinions contraires seront punis comme suit :

Le prêtre sera destitué de son caractère sacré.

Le militaire perdra ses grades.

Le citoyen subira le bannissement de la ville sainte.

[1] De summa trinitate et fide catholica, nemo contendere audeat.

Que touchant la sainte Trinité personne n'ose disputer.

L'esclave sera frappé par les peines les plus sévères.

Donné le 8 février 459.

Les empereurs Théodosien et Valentinien statuent que tous les hérétiques, les Ariens, Macédoniens, Apollinaires, Novatiens, Marcionistes, Montanistes, Carpocratiens, Pricellianistes, etc., seront bannis de Rome, incapables de tester, de se présenter devant les tribunaux, d'occuper aucun emploi et frappés d'une amende de vingt livres d'or s'ils se permettent de parler en public de leurs erreurs.

Les Manichéens seront punis de mort en tous les lieux où l'on pourra les saisir.

Donné l'an 428.

Loi de Frédéric II, empereur, an 1240, avec l'approbation de l'évêque Honorius :

Les hérétiques des deux sexes sont condamnés à l'infamie perpétuelle, ils sont bannis à perpétuité, leurs biens sont consignés et leurs enfants ne peuvent hériter de la succession paternelle ou maternelle. Les consuls, les gouvernements ont ordre d'exterminer les hérétiques dans tous les lieux où ils seront rencontrés.

Les propriétaires et les seigneurs qui les recevront sur leurs terres auront leurs biens confisqués au profit des bons catholiques.

La légitimité de ce code fut admise au seizième siècle par les deux fractions de l'Église chrétienne. Les Romains et les Dissidents s'arrogèrent le droit de punir les hérétiques et cette erreur de la part des docteurs et des magistrats réformés sera toujours l'objet d'une sévère condamnation et l'aliment de tristes souvenirs pour les amis de la vraie tolérance.

L'unité ne régnait pas chez les dissidents du catholicisme. En Espagne et en Italie les antiques controverses d'Arius et d'Ambroise touchant la personne de Jésus-Christ reprirent une nouvelle vigueur. Les disputes d'Augustin et de Pélage touchant la corruption humaine, le libre arbitre et la prédestination agitèrent les consciences des savants et des simples fidèles.

Les doutes et les négations concernant l'autorité absolue et divine des Écritures furent énoncés par quelques protestants italiens qui payèrent de leur vie, à Bologne et à Venise, les hardiesses immodérées de leur exégèse.

LA NATURE DE JÉSUS-CHRIST

Les opinions touchant le caractère divin de notre Sauveur, donnèrent lieu aux controverses les plus violentes entre les docteurs réformés.

Trois systèmes se sont établis :

1° Jésus est égal à Dieu, Éternel, infini, coexistant avec le Père et formant avec l'Esprit saint un seul être manifesté en trois personnes.

2° Jésus a reçu de Dieu la plénitude de la science et du pouvoir sur la nature extérieure, et la conscience humaine pour gouverner le monde moral et donner aux hommes le pardon de leurs fautes et le bonheur éternel.

3° Jésus est un homme à qui le Créateur a donné des facultés excellentes et le privilége de connaître en ce monde les vérités religieuses et morales.

Au seizième siècle, en Espagne et en Italie, un grand nombre de réformés adoptèrent le naturalisme concernant Jésus-Christ; ils le regardèrent comme le prince des sages, le modèle achevé des vertus pratiques, le plus grand philosophe, mais ils réduisirent son existence à la simple humanité.

Cette doctrine fut propagée dans plusieurs universités et les interrogatoires des dissidents par les agents des lois inquisitoriales, ne nous laissent aucun doute à cet égard.

Tout récemment encore, un illustre publiciste italien, l'ancien ministre de l'instruction publique, Domenico Berti, a mis au jour plusieurs procès ignorés qui confirment les doctrines soutenues par les victimes des tribunaux romains. « Christ, « disaient ces nouveauxthéologiens, est né comme « le reste des hommes, Marie est sa mère, Joseph « est son père. Dieu lui a donné l'esprit des pro- « phètes, il l'a investi des qualités supérieures aux « anciens envoyés, mais ni Jésus ni ses prédéces- « seurs n'ont possédé des pouvoirs surhumains et « miraculeux. »

Cette doctrine sapait par la base l'Église chrétienne et réduisait l'Évangile à une simple philosophie humaine, aussi les inquisiteurs romains et les réformateurs protestants multiplièrent-ils leurs efforts pour en arrêter les progrès.

Le code punissant les hérésies fut appliqué avec les dernières rigueurs. On ne fit aucune distinction entre les théologiens qui, sans admettre la trinité ou l'égalité absolue du Père et du Fils, regardèrent Jésus comme revêtu de pouvoirs divins et les docteurs qui niaient tout élément surnaturel dans le christianisme.

Parmi les adversaires de la divinité de Jésus-Christ se présente au premier rang Michel Servet, médecin espagnol, qui dans ses ouvrages exprime les opinions suivantes :

« Le dogme de la Trinité est une œuvre impie !
« Une œuvre de démence ! Qui vous donne le droit
« de parler d'un Dieu en trois personnes. Les an-
« ciens Pères, Irénée, Tertullien, Ignace, n'ont
« point employé ces expressions, mais Athanase
« et Augustin sont les auteurs de ce trithéisme.
« Qu'est-ce donc que ces trois personnes divines ?
« Entend-on par là trois substances, ou trois es-
« sences ? Dans les deux cas ce sont trois Dieux !
« Divinité ridicule qui nous ramène au paganisme
« au Cerbère à trois têtes. »

Après avoir condamné la croyance des trinitaires, Servet, en définissant Dieu, arrive au Panthéisme :

« Il existe, dit-il, trois mondes à la fois dis-
« tincts et réunis, ce sont : Dieu, les lois de

« Dieu, l'univers matériel résultant de ces lois.
« Ainsi Dieu est tout, et tout est Dieu. »

Jésus-Christ est pour Servet l'ensemble des idées émanées du Père Céleste, c'est pourquoi il s'appelle le Verbe, la Sagesse éternelle. Jésus est seul Fils de Dieu engendré de sa substance. Les autres créatures humaines ne sont enfants de Dieu que par adoption et grâce à la médiation du Christ... Le corps de Jésus est formé des quatre éléments. La vierge Marie n'a fourni que l'élément terrestre. Les trois autres sont venus du ciel. Le Christ avant de naître avait déjà un corps spirituel, infini, invisible, présent partout. Il a revêtu cet autre corps pesant, visible, pour nous apprendre à le quitter, pour nous délivrer des liens de la nature et du péché et nous conduire libres et transfigurés dans les régions célestes.

Servet admet chez l'homme une chute primitive et l'abaissement de la nature humaine en Adam, mais il repousse la transmission héréditaire du péché originel.

La grâce et la foi en Jésus-Christ ne sont point essentielles au salut. Les mahométans et les païens qui auront observé la loi naturelle seront sauvés.

Il est bien probable que sans les paroles injurieuses prononcées au sujet de la Trinité et dont nous n'avons rapporté qu'une faible partie, Servet n'aurait subi que d'insignifiantes vexations. Mais l'ensemble de la doctrine produisit un soulèvement universel chez les Églises romaines et protestantes. Calvin, aveuglé par le fanatisme légal, oublie les lois de la charité et se joint aux inquisiteurs de Vienne pour faire condamner Servet.

Les théologiens suisses et leurs conseils approuvèrent cette application des lois romaines contre l'hérésie. Le blasphème était manifeste à leurs yeux. « L'impie devait être enlevé du milieu du « peuple. »

Berne écrivit : « Servet corrompt tout en res- « suscitant le venin des anciens hérétiques......
« Dieu vous donne un esprit de prudence et de « force afin que vous mettiez votre Église à l'abri « de cette peste. »

Zurich, quoique dirigée par l'esprit large et tolérant de Zwingli, conjure Genève « de ne pas « laisser propager la méchante et fausse intention « du prisonnier, lequel est totalement contraire à « la religion chrétienne et donne de grands scan-

« dales et de terribles assauts. » Bâle, Schaffhouse, poussaient également à la peine capitale.

Le bûcher s'alluma le 27 octobre 1553.

Parmi les Italiens, ceux qui persévéraient dans les docrines antitrinitaires, tout en admettant le principe divin chez le Christ, furent à diverses reprises examinés, puis bannis de Genève. Alciat, Gentilis, Gallo, Blandrate, Tellio, de la Mote, de Carignan, Gribaldi, subirent cette peine et la plupart se refugièrent en Pologne où leur doctrine fit de grands progrès, jusqu'à son entier anéantissement par les persécutions sanguinaires des jésuites.

Gentilis, après avoir échappé à la condamnation capitale à Genève en rétractant sa doctrine, se repentit amèrement de sa faiblesse et sur les terres de Berne il manifesta les sentiments suivants : Le Dieu d'Israël, le père de notre Seigneur Jésus-Christ a versé dans celui-ci sa divinité, mais il n'admet pas leur égalité absolue. Il fut en conséquence arrêté et voulant faire oublier sa faiblesse antérieure, il mourut sur l'échafaud déclarant qu'il était heureux de souffrir pour le seul vrai Dieu et Jésus-Christ son fils unique (1566).

Pendant le dix-septième siècle un procès du

même genre eut lieu à Genève au sujet d'un malheureux ecclésiastique, nommé Antoine, dont l'esprit dérangé préférait le Dieu d'Israël au Dieu de l'Évangile.

Dès lors, à notre connaissance, aucune application des lois contre l'hérésie n'eut lieu au sujet de la Nature du Christ pendant le dix-septième siècle, et l'intensité des passions théologiques se développa principalement dans la controverse touchant la prédestination et le péché originel.

PÉCHÉ ORIGINEL ET PRÉDESTINATION

Trois grands procès eurent lieu durant le seizième et le dix-septième siècle au sujet de ces mystères insondables de la théologie. Bolzec, Arminius, Amiraut, condensent la renommée acquise dans ces luttes contre Calvin et son école. Le compte rendu successif de ces affaires nécessitant des redites fastidieuses, nous les présenterons dans leur ensemble.

Calvin et ses amis enseignent que l'homme, après la chute d'Adam, est tellement dépourvu du libre arbitre qu'il ne saurait faire que du mal jusqu'à ce que Dieu le régénère.

Bolzec et ses partisans affirmaient que l'homme après sa chute n'a pas été entièrement dépourvu du franc arbitre, mais sa liberté est demeurée corrompue, en sorte que le plus souvent il estime le bien être le mal et le mal être le bien, ce qui rend nécessaire l'action de la grâce divine pour le conduire au droit chemin.

Le bannissement de Bolzec fut la conséquence de cette dispute et ce théologien se vengea de ses adversaires en publiant contre Calvin un livre plein de calomnies notoires, mais qui sert encore de nos jours de pièces justificatives dans l'arsenal des polémistes ultramontains.

Dans les Pays-Bas ces controverses prirent les proportions d'une affaire nationale.

Un théologien nommé ARMINIUS qui avait étudié à Genève sous Théodore de Bèze en 1584, se distingua par les plus beaux talents, unis à une piété profonde. Des études sérieuses touchant la prédestination calviniste l'amenèrent à modifier ce système.

Calvin et l'Église réformée soumise à ses opinions adoptaient « Que Dieu a choisi entre les « hommes ceux qu'il lui a plu, par un décret de sa

« volonté, sans trouver en eux aucune raison qui « le détermine à cette élection. »

C'était la prédestination absolue soutenue par le théologien hollandais *Gomar*. *Arminius* disait : « Dieu a résolu de sauver en Jésus-Christ les « hommes qui par la vertu du Saint-Esprit croient « en son fils et persévèrent jusqu'à la fin. »

C'est la prédestination conditionnelle.

Cette question, saint Paul l'a méditée et saint Paul, muni du secours de l'Esprit, déclare que les jugements de Dieu sont incompréhensibles et ses voies impénétrables, personne n'ayant connu la pensée du Seigneur et nul n'étant entré dans son conseil. Mais les théologiens ont voulu pénétrer plus avant que saint Paul dans les voies divines... Cet insondable mystère fut de nouveau discuté dans un synode à Dordrecht. En 1619 les Églises réformées envoyèrent des députés. Cent trente-cinq séances furent employées par les divers orateurs. La condamnation des opinions d'Arminius fut prononcée et les protestants apprirent avec un douloureux étonnement que les Arminiens étaient en butte aux plus tristes persécutions. On leur interdisait le culte public, on traquait et dispersait les assemblées en maisons particulières. Arminius mourut de chagrin à quarante-sept ans. Le prince Maurice de Nassau, personnage incapable de juger sainement de la différence des doctrines, fit périr du dernier supplice Barnevelt, le magistrat le plus distingué de la Hollande et qui s'était opposé aux tendances de son despotisme politique et religieux. Grotius, le maître de la science du droit, de Vors, chef du clergé par son caractère et ses talents, échappèrent à la mort, mais pas à la confiscation et à l'exil.

Les théologiens étrangers se soulevèrent à l'ouïe de semblables arrêts, ils déclarèrent qu'ils étaient venus pour condamner des erreurs et non proscrire des personnes. Les envoyés de Genève, Diodati et Tronchin, seuls entre les députés du dehors, approuvèrent ces lamentables violences. Mais leur opinion trouva peu de sympathie chez leurs collègues et en 1628 et 1630, Bénédict Turretin proposait de se joindre au corps des pasteurs de Berne et de Zurich pour écrire au clergé des Pays-Bas « de s'abstenir d'invectives dans « leurs prédications contre les dissidents, d'user « de toute la douceur possible envers ceux qui « avaient des sentiments opposés, pour les rame-

« ner à une communion sainte et véritable en la « même foi chrétienne. »

Les Genevois, quoique fort divisés touchant la doctrine, adoptèrent cette tolérance et lorsque les exilés arminiens vinrent se refugier dans leur ville ils furent accueillis avec toute bienveillance et sympathie active.

Les Églises françaises furent également troublées par ces luttes théologiques. En 1635 la nouvelle suivante arrive à Genève : M. Amiraut, professeur à Saumur, publie un livre où il admet les opinions d'Arminius et enseigne qu'il y a une vocation universelle pour tous les hommes et qu'ils peuvent tous, s'ils le veulent, croire et être sauvés. Ce traité a grandement troublé l'Église de Paris et les protestants de France.

Les pasteurs genevois écrivent à M. Dumoulin :

Nous vous prions de ne pas vous échauffer en répondant à M. Amiraut, vu que de toutes parts on travaille à le ramener avec douceur.

A M. Cappel : « Vous envenimez terriblement « l'affaire. Il sera déplorable que la discussion « soit amenée dans un synode national, il faudra

« s'expliquer devant un député du roi, découvrir « les places de nos églises, causer de grands scan« dales et donner à nos ennemis l'occasion de « mal parler de nous... Nous vous demandons en « conséquence de ne plus écrire les uns contre les « autres et nous vous exhortons à céder mutuel« lement par tolérance pacifique. »

Les doctrines modérées des théologiens de Saumur faisant beaucoup de progrès en Suisse, les principaux théologiens de Zurich, Bâle et Genève Heidegger, Gernler et François Turretin voulurent arrêter ce mouvement, ils rédigèrent un Consensus où la doctrine calviniste était exposée dans des articles encore plus exclusifs que les formulaires de Dordrecht.

Tous les pasteurs furent obligés de signer; les destitutions, l'exil, l'amende, la captivité frappèrent les opposants de nationalité suisse.

Et, chose à peine croyable! les Bernois, sachant que la majeure partie des Églises de France adoptaient les sentiments de l'académie de Saumur, firent brutalement approuver ce formulaire à tous les pasteurs victimes de la Révocation sans égard pour leur exil et leur détresse.

Cette inique oppression enflamma le cœur de Claude, il écrivit à François Turretin :

« Quoi, vous exigez la signature de pasteurs « déjà reçus par leurs églises. Leurs souffrances « ne vous émeuvent point à compassion. Ils ont « vieilli dans les travaux du ministère, leur fidé- « lité est publiquement reconnue et malgré tout, « s'ils ne signent pas le consensus vous les exclnez « de vos chaires. »

Les théologiens genevois et les pasteurs français refugiés en cette ville combattirent victorieusement la réaction des Églises suisses.

Jean-Alphonse Turretin fut le chef de cette école. Ces véritables libéraux se trouvaient entre deux écueils : les formules du seizième siècle dont l'inflexible rigueur détournait plusieurs personnes bien disposées pour l'Évangile et les négations des dogmes révélés, la religion dite naturelle proclamée par Hume, Bayle et quelques philosophes français. Turretin espérait réunir les adversaires en éliminant quelques définitions trop exclusives et *en remplaçant dans l'exposé des dogmes les termes des théologiens par des paroles bibliques.*

Voici l'ensemble des principes de Jean-Alphonse Turretin :

AUTORITÉ DE LA PAROLE DE DIEU

Les anciennes confessions de foi, Farel en novembre 1536, Calvin en 1559, portent cette déclaration :

« Nous protestons que pour la règle de notre « foi et religion, nous voulons suivre la seule « Écriture et nous ne prétendons pour notre gou- « vernement spirituel recevoir autre doctrine que « celle qui nous est enseignée par cette parole. »

Sur ce premier point rien n'est modifié dans la théologie de J.-A. Turretin.

Il n'y a rien, dit-il, de stérile dans les discours de notre Seigneur et les écrits de ses apôtres, tout y est d'une merveilleuse efficace, tout s'y rapporte à la piété, à la sainteté... En publiant cette révélation, Dieu la marque de son sceau et pour entière sûreté nous en donne des signes sensibles : les prophéties et les miracles.

Nous avons vu la définition de la Trinité par Calvin et les Réformateurs français et suisses.

Voici la définition de J.-A. Turretin :

Nous trouvons dans le Nouveau Testament, qu'il existe un seul Dieu, qui est le Père de tous et de qui procède l'ensemble des créatures. Un seul Seigneur, Jésus-Christ, par lequel le monde est formé et qui est soutenu par sa parole puissante.

Dans la personne de Jésus-Christ existe un principe divin, la raison, la sagesse éternelle. Toute la plénitude de la Divinité réside en Lui.

Enfin l'Évangile nous présente une force, une puissance céleste qui a inspiré les apôtres et leur a communiqué les dons miraculeux.

L'Écriture sainte met bien quelque distinction entre ces deux principes et le premier. Elle leur donne même des noms différents en les appelant Père, Fils et Saint-Esprit. Mais elle n'explique pas tout à fait comment ces principes se distinguent. Ce côté du dogme reste voilé. Il est certain seulement que cette différence, quelle qu'elle puisse être, ne va point jusqu'à multiplier la nature divine, puisque l'Évangile nous avertit si soigneusement qu'il n'y a qu'un Dieu.

Les théologiens qui ont traité le plus scrupuleusement cette matière, disent que cet unique et même Dieu subsistant d'une certaine manière est le créateur du monde. Voilà le Père.

Que subsistant d'une autre manière, il s'est manifesté en Jésus-Christ. Voilà le Fils.

Que subsistant enfin d'une troisième manière, il agissait dans les prophètes et les apôtres. Voilà le Saint-Esprit.

Cette distinction doit être reçue parce qu'on la trouve dans le Nouveau Testament, particulièrement dans la formule du Baptême, mais en quoi consiste-t-elle? L'Écriture se taisant là-dessus, la raison n'en disant rien, il ne faut point prétendre expliquer ce que les saints Livres n'expliquent pas.

Si Turretin s'éloignait de la formule calviniste, il mécontentait beaucoup l'école de Bayle qui réduisait la religion au simple déisme. Vous refusez, leur disait-il, ces explications à cause de leurs mystères, mais votre théologie naturelle est-elle exempte de difficultés ? Concevez-vous quel est le passage du néant à l'être. Comment Dieu crée quelque chose par sa seule volonté, comment un être spirituel agit sur la matière. Comment il est présent partout sans occuper un espace. Comment il peut prévoir la détermination d'un être libre. Et l'idée de l'éternité de combien d'abîmes n'est-elle pas environnée ? Ah ! si la nature est pleine de mystères, puisque toutes les sciences ont leurs énigmes, s'étonnera-t-on que la révélation dise quelque chose de l'Essence divine qui passe nos conceptions. Il serait plus étonnant que tout fût plus facile et de plain pied dans un sujet si mystérieux et si sublime.

Touchant la nature du péché, voici la doctrine de Turretin.

L'homme est une créature composée d'une partie terrestre et corruptible et d'un élément céleste et immortel. Nous sommes faits pour nous élever au Créateur, connaître la vérité, pratiquer la vertu. Mais ce même homme par un mauvais usage de sa liberté s'est égaré dans l'erreur et le doute.

Déréglé, plongé dans le vice, il dément par sa conduite toutes les lumières de son esprit. Il se livre à des appétits charnels et se laisse gouverner par la force de la passion. De là une faiblesse, une misère morale héréditaire. De là ces maux si compliqués. Cette constitution altérée, cette nature abâtardie. A cet homme pétri de chair et de sang, qui n'a fait que dégénérer et se dégrader, il faut offrir une guérison. A cette créature noble dans son origine, mais profondément dégradée, il faut un médecin, un sauveur infaillible et tout-puissant. Car nous sommes de pauvres pécheurs nés dans la corruption, enclins au mal, incapables par nous-mêmes de faire le bien, dans le sens absolu du mot.

Pour remédier à cette universelle misère, Dieu nous accorde le RÉDEMPTEUR et, sur ce point, Turretin adopte la définition de Calvin.

« Jésus nous a été donné pour remède, afin de « nous ramener de la mort à la vie et restaurer « ce qui était déchu en Adam. Jésus en sa mort « et résurrection a accompli ce qui était néces- « saire pour nous réconcilier à Dieu son Père par « son sang et son sacrifice unique. »

Turretin s'efforce de lever les objections que l'école déiste oppose à ces vues sur la rédemption. « Nous affirmons que Christ a porté nos pé- « chés en son corps sur le bois, en sorte qu'étant « morts au mal, nous vivions à la justice. » Voici les reproches adressés à cette doctrine : « Est-il « juste qu'un innocent souffre pour les coupables? « Quelle nécessité d'avoir une expiation ou un sa- « crifice! Dieu ne pouvait-il pas pardonner gra-

« tuitement, cela ne serait-il pas plus digne de sa « grandeur que d'exiger une rançon? »

Turretin répond : « La maxime de droit qu'un « innocent ne doit pas périr pour un coupable est « fort mal appliquée ici. Il s'agit d'une personne, « maître de sa vie et qui la perd de son plein gré « pour le genre humain, puis qui ressuscite et « reçoit une glorieuse récompense. Cet acte gé-« néreux n'est nullement injuste, a dit Origène; « ce que des rois et de bons citoyens ont fait pour « leur patrie, Jésus l'accomplit pour l'humanité « perdue dans le péché et la condamnation. »

Était-il nécessaire que Dieu employât ce moyen? N'en avait-il pas d'autre? Nous ne pouvons répondre à cette question : « Dieu est le Maître. »

En nous faisant grâce de l'attacher à telle condition et de nous la faire parvenir par tel canal qu'il lui plait, ce n'est pas à nous de décider ce qu'il peut faire et ce qu'il doit faire en cette occasion. La mort de Jésus est le *couronnement* suprême des actes de grâce accomplis dans l'ancienne alliance par les hommes aimés de Dieu.

Moïse détourne sa justice en priant pour son peuple sur la montagne. Les Israélites sont bénis à cause de la foi et du sacrifice d'Abraham. Plus d'un roi de Juda a été épargné pour l'amour de David dont il descendait. Et la mort du Juste par excellence répand son efficace universelle sur tous ceux qui portent son nom et qui réclament le bénéfice d'être membres de sa famille.

Enfin, touchant la prédestination et la formule de Dordrecht, Turretin ne recule pas devant l'énoncé de sentiments conciliateurs.

Voici le texte calviniste : « Dieu a choisi un certain nombre d'hommes dans le genre humain corrompu pour les sauver par Jésus-Christ ; il a laissé les autres dans le péché pour les damner. Il n'a aucun égard aux œuvres des élus, et Jésus est mort seulement pour ces derniers.

Voici les idées de Turretin :

Il est possible de se réunir sur cette question vitale qui agite si profondément nos Églises.

Tous nous convenons que le bien absolu vient de Dieu.

Le mal est causé par le mauvais usage de notre liberté.

Tous nous avouons que l'homme n'est pas excusable lorsqu'il viole la loi divine.

Nous admettons également que le pécheur croyant à l'Évangile, plein d'un sincère repentir, est le bienvenu auprès de Dieu et participe au salut que l'Être miséricordieux offre à l'humanité.

Nous croyons que ceux qui sont exclus du salut le sont par leur propre faute.

Tous nous admettons que les conseils de Dieu ne détruisent pas notre liberté individuelle et que nous serons jugés sans acception de personnes.

Si, dans le reste de la doctrine il est des choses difficiles à comprendre, plaçons-nous près de saint Paul qui déclare les jugements de Dieu incompréhensibles et ses voies insondables.

Tels furent les principes offerts par l'Église de Genève aux hommes du dix-huitième siècle travaillés par le doute et les négations qui surgissaient de toute part; les orages suscités au temps de Rousseau dans les idées chrétiennes démontreront la sagesse de cette théologie.

Cette école évangélique de Turretin fit triompher la liberté de conscience en 1735 à Genève. Les lois punissant l'hérésie furent mises en oubli et l'on conserva seulement le droit de censure et d'interdiction pour les ouvrages corrupteurs de la religion et de la morale.

Cette liberté « chère tenue, » inscrite depuis cent cinquante ans dans le livre de nos lois, nous donne-t-elle le droit de condamner sans réserve les tribunaux qui ont fait usage de la législation contre les hérétiques.

On éprouve de nos jours un sentiment pénible en voyant la question de la liberté de conscience mal jugée par des historiens fort érudits en leurs recherches, mais qui ne peuvent se délivrer d'une partialité inconsciente à l'égard des réformateurs.

Les protestants ayant condamné les dissidents en se servant des lois romaines, n'ont aucun droit de se plaindre des catholiques qui ont immolé les réformés en appliquant le même code.

Il faut avouer qu'il est singulier de mettre au même niveau les jugements élaborés par un tribunal régulier et les manifestations des populaces fanatisées, les pillages, les bannissements et les meurtres exécutés sur des milliers de familles sans défense, coupables seulement du délit de culte.

Nous déplorerons toujours que les juges protestants au seizième siècle aient signé trois arrêts de mort, contre Servet, Gentilis et Barnevelt. Nous condamnons les bannissements subis par quelques dissidents. Mais nous ne comprenons pas qu'on puisse alléguer ces misères occasionnelles pour justifier le supplice des douze cent martyrs protestants immolés sur la terre française. Nous concevons moins encore que l'aberration fanatique de trois tribunaux protestants nous enlève le droit de maudire les crimes collectifs autorisés par les papes Pie V et Sixte-Quint interdisant la rançon des prisonniers en ordonnant leur exécution immédiate sur les champs de bataille. Les massacres de la St.-Barthélemy, les fugitifs privés de leurs biens, les familles enfermées dans les couvents et les prisons, les hommes valides entassés sur les galères et les vaisseaux du roi ne demeureront-ils pas des crimes aussi qualifiés que les massacres de l'abbaye, les noyades de la Loire et les exécutions de la Commune de Paris.

Hélas! devant ces terribles résultats du fanatisme religieux et politique, nous devons reconnaître que les lois impériales ou révolutionnaires qui frappent les hérésies sont inhérentes à la misère morale de l'homme. . . . .

Les despotes dans le domaine des opinions, s'ils possèdent la force matérielle, font périr leurs adversaires dans les temps de trouble, et s'ils ne peuvent punir juridiquement leurs contradicteurs, ils déversent sur eux l'ironie ou l'anathème, le ridicule ou l'injure, de froides railleries ou d'arrogants mépris. . . . .

Cela étant, que l'homme complétement à l'abri du despotisme de l'opinion, l'homme qui n'a jamais désiré le silence ou le départ de son antagoniste religieux, que l'homme qui aime ses rivaux politiques jusqu'à leur rendre service, que cet homme condamne les réformateurs, il en a le droit ; mais si l'esprit du Christ l'anime, il usera de son privilége en couvrant de sa miséricorde les fautes légales qu'il aurait lui-même commises au seizième siècle.

DEUXIÈME PARTIE

ROUSSEAU

CHAPITRE I

Le génie de Rousseau.

Rousseau fut un homme de génie.

La mission du génie est double en ce monde.

Cette puissance crée des idées et proclame des vérités auparavant inconnues à l'esprit humain, elle accomplit des chefs-d'œuvre qui donnent à leurs auteurs une légitime célébrité. Mais à côté de ce travail purement inventif, il existe pour le génie une carrière de perfectionnement, il parvient à revêtir d'une forme populaire les découvertes et les systèmes voilés sous les défauts des ouvriers primitifs, il met au grand jour les lumières et les maximes renfermées dans les livres oubliés.

Lafontaine, Bossuet, Molière, Racine sont dans le monde français les grands acteurs d'une rénovation dans les lettres. Lapidaires immortels, ils ont taillé les facettes des diamants ensevelis sous la poudre des âges ; et plus près de nous Rousseau se trouve à la tête des artisans de génie qui élèvent des édifices impérissables avec les matériaux insignifiants de leurs devanciers.

Rousseau a dirigé la conscience et le cœur de son siècle.

Il traite devant le monde civilisé les hautes questions intellectuelles et morales.

Il approfondit les grands problèmes des religions.

Il apporte des principes politiques nouveaux.

Il sonde les mystères et les erreurs de la philosophie contemporaine.

Il détruit les abus qui dénaturent la sainte institution de la famille.

Il déploie, dans l'analyse des affections de l'âme et des beautés de la création, un luxe de poésie qui ne sera peut-être jamais dépassé dans notre langue.

La correspondance de Jean-Jaques le met en rapport intime avec toutes les classes de la société. Ces lettres sont écrites par des souverains et leurs ministres, des philosophes et des poètes, des jésuites et des pasteurs réformés, des artisans et des académiciens, des femmes de lettres et de bonnes ménagères. Les rois prennent la plume pour réfuter les systèmes de Rousseau, les citoyens l'honorent ou le maudissent, les littérateurs le proclament leur chef et les hommes du peuple lui adressent des pages empreintes de la plus naïve reconnaissance.

Tel est l'homme dont nous devons étudier la carrière sociale, analyser les facultés intellectuelles et les principes politiques et moraux.

Rousseau naquit à Genève en 1712. Fils d'un horloger, il fréquente le collége républicain où l'on instruit les enfants comme s'ils devaient tous embrasser des professions scientifiques ou littéraires. De misérables circonstances de famille entravèrent cette première direction. A l'âge de quatorze ans Rousseau, délaissé dans un atelier, néglige ses études ébauchées. Il s'exile volontairement de Genève ; et durant les dix années qu'il passe sous l'influence de Madame de Warens, il jouit le plus souvent d'une existence facile et demeure étranger à la discipline de l'éducation publique, laquelle impose au jeune homme la régularité du travail, favorise le développement normal de son esprit et lui donne l'énergie nécessaire pour les luttes de la carrière sociale. Lorsque plus tard, en pleine possession de ses hautes facultés, Rousseau colore de la magie de son style les souvenirs des Charmettes, il ne dissimule pas les dangereuses imperfections de son régime intellectuel. En effet, sur les collines de Chambéry, il se livre aux délices de la contemplation de la nature, il savoure en liberté le bonheur des travaux champêtres, satisfait son goût naturel pour l'art musical et retrempe son imagination vagabonde dans les beautés des annales grecques et romaines.

Ces occupations, dont le vague et l'incohérence sont les moindres défauts, ne peuvent assurer l'avenir d'un jeune homme. Les bons abbés savoyards qui de temps à autre favorisent Jean-Jaques de leurs conseils, ne sont pas des précepteurs éminents, et leur placide bonhomie ne découvre aucun symptôme favorable chez cet adolescent timide jusqu'au mutisme avec ses supérieurs.

Madame de Warens, s'apercevant enfin que son protégé doit embrasser une carrière active, prie un sien parent, M. d'Aubonne, agréable versificateur, d'examiner Rousseau afin de savoir si elle doit en faire un commis, un abbé ou un ingénieur. M. d'Aubonne interroge le jeune sauvage et dit : « Rousseau est un garçon sans idées, très-borné,

« il n'est pas tout à fait inepte. » — Ne blâmons pas trop M. d'Aubonne, puisque Rousseau, dès qu'il est question de sujets littéraires, ne peut répondre un mot. On conçoit qu'il est difficile d'augurer favorablement d'un garçon de vingt ans qui ne sait ni écrire, ni parler. Toutefois l'adolescent timide et rêveur sent par instinct qu'une inféconde médiocrité n'est pas son lot définitif, la lecture d'une comédie bâclée par M. d'Aubonne l'enflamme d'émulation. Voyons, se dit-il, si je suis aussi bête que l'affirme M. d'Aubonne! Je veux faire une pièce comme lui. Il se retire à l'écart, invente un sujet, le distribue en scènes et ne s'interrompt qu'après avoir terminé son œuvre. C'est *Narcisse ou l'amant de lui-même*. Cette bluette renferme quelques apparences de talent. Mais malgré les corrections qu'elle a subies plus tard, elle n'offre aucun indice du génie de l'auteur. Un pareil résultat était naturel, puisque durant ces années si follement perdues, nul n'avait enseigné à Rousseau les premiers éléments de l'art d'écrire.

Une circonstance favorable lui ouvrit enfin les yeux sur ce qui lui manquait. Nous empruntons les paroles de M. Conzié, d'Annecy, homme d'État distingué qui fut toujours armé d'une sévérité amicale envers Rousseau. « A vingt-huit ans, dit-« il, Jean-Jaques vint à Paris, il voulut imprimer « comme ballon d'essai une nouvelle méthode pour « apprendre la musique. Heureusement il tomba « entre les mains de l'abbé Desfontaines, critique « aussi instruit que sévère. Cet habile grammai-« rien, jugeant qu'il y avait beaucoup d'étoffe « chez ce jeune homme, pulvérisa son ouvrage et « lui fit comprendre qu'il ne savait pas un mot « de français, il le conjura d'étudier la grammaire, « de lire beaucoup et de bien lire avant de s'es-« sayer comme écrivain.

« Ces conseils paternels sont appréciés à leur « juste valeur. Rousseau comprend la nécessité « des études sérieuses et régulières. Il refait en-« tièrement l'éducation de son esprit ; les heures « de loisir qu'il passait à rêver aux Charmettes, « il les emploie de la manière la plus fructueuse, « il surmonte toutes les difficultés de la gram-« maire et pour en adoucir l'aridité il choisit « comme thèmes les plus belles pages de Bossuet « et de Montesquieu. « Le goût, dit-il, que je pris « à ces lectures m'inspira le désir d'écrire avec « élégance, afin de tâcher d'imiter le beau coloris

« de Voltaire dont j'étais enchanté. Ainsi se dé-
« veloppa le germe de littérature et de philoso-
« phie qui commençait à grandir dans ma tête. »

Maintenant que les touches de l'instrument grammatical sont réparées et les règles de la composition correctement notées dans la mémoire du nouvel aspirant, se bornera-t-il à reproduire sous une forme harmonieuse les rudes accents de ses devanciers, ou ses magiques accords élèveront-ils la pensée du siècle dans les régions des beautés idéales et des vérités nouvelles? Sainte-Beuve a répondu :

« Rousseau fut l'hirondelle qui annonçait un
« printemps nouveau pour la langue française. Le
« siècle, saturé d'esprit, voulait être ému, ré-
« chauffé par l'expansion de sentiments qu'il défi-
« nissait mal et qu'il cherchait encore. Rousseau
« parut. Le jour où il se découvrit tout entier à
« lui-même, il révéla du même coup au monde
« français l'homme qui allait exprimer avec une
« logique mêlée de flammes les idées confuses qui
« s'agitent et veulent naître. En s'emparant de
« cette langue qu'il lui a fallu conquérir, il la
« marque d'un pli qu'elle gardera désormais. »

Rousseau nous retrace avec bonheur l'épanouissement rapide qui s'opère dans ses facultés intellectuelles. Il est âgé de trente-huit ans et n'a produit aucun ouvrage digne d'éloge, lorsqu'en 1749 il lit et médite son programme académique : *Les sciences et les arts contribuent-ils à épurer ou à corrompre les mœurs?* « Pour lors, dit-il, une étrange « révolution s'opère en moi, une violente palpita- « tion m'oppresse, soulève ma poitrine, ne pou- « vant plus respirer, je me laisse tomber sous un « arbre et je passe une demi-heure dans une telle « agitation qu'en me relevant je me sens inondé « de larmes sans avoir senti que j'en répandais. « — Puis les idées me viennent en foule et se « rangent sans effort sous ma plume, j'écris sans « relâche, j'achève le mémoire. »

L'académie de Dijon lui décerne le prix et le philosophe Grimm, si avare de louanges, s'exprime en ces termes : « Ce traité, écrit avec une « force et un feu que l'on n'avait point encore vu « dans un discours académique, opère une espèce « de révolution à Paris et commence la renommée « de M. Rousseau dont les talents étaient jusqu'a- « lors peu connus. »

Ces heures de travail spontané où l'âme insensible aux distractions extérieures fait jaillir des éléments nouveaux de ses mystérieuses retraites, ces phases de puissante énergie où les conceptions abstraites se manifestent dans une lumineuse réalité, ces élans de l'imagination qui ornent de couleurs charmantes les joies et les tristesses du cœur, ces inspirations du philosophe et du poète, dévoilent à Rousseau les gloires de son avenir et lui donnent la conscience de ses facultés créatrices.

Toutefois son goût pour la rêverie l'exposait à un danger sérieux. A l'aurore de sa nouvelle carrière, il pouvait croire que les forces de l'esprit agissent spontanément sans le secours des méditations persistantes ; heureusement le philosophe écarte cette séduisante erreur. Il apporte à la composition idéale la même ténacité de travail qu'il avait mise à ses études préliminaires. Les distractions mondaines sont dédaignées, la dure obligation de pourvoir à son existence n'est point un obstacle, pendant le jour, en copiant de la musique pour gagner son pain, dans les veilles forcées de la nuit, à la promenade, aux champs, sur la montagne, il prend l'habitude de réfléchir à toute heure. Dès qu'une pensée s'offre à son esprit, il l'écrit sur un lambeau de papier, sur le revers d'une lettre, sur de vieilles cartes à jouer, sur la page des livres de compte, au milieu des chiffres du ménage; très-rarement le premier jet lui paraît assez bon pour être conservé, il se souvient de l'atelier paternel, il lime, il polit; il change sa phrase, la surcharge de ratures, puis lorsqu'elle lui paraît avoir l'harmonie, la clarté désirable, il la copie en caractères dignes d'un habile calligraphe et la conserve pour l'insérer à sa place naturelle dans un ouvrage futur.

L'empreinte la plus manifeste de ce génie se rencontre peut-être dans ses descriptions des beautés de la nature. Avant Rousseau, les charmes des objets extérieurs sont rarement célébrés par les écrivains du temps, il les choisit pour l'objet préféré de ses études; les forêts, les lacs, les hautes cimes l'enivrent de sentiments délicieux, il veut initier le public aux douceurs de cette contemplation, il fait éclore des sentiments trop longtemps endormis, il force le beau monde à quitter les allées des parcs pour les courses aux champs, il répand les bonnes et fraîches haleines des montagnes sur la société blasée, par là il accomplit une des plus poétiques révolutions dans les annales de l'esprit humain.

Gardons-nous cependant de dissimuler les défauts de l'intelligence et de l'imagination de Rousseau. Son génie nous paraît plutôt vulgarisateur qu'inventif, et la nature des matériaux influe trop sur la valeur réelle de son travail. Les règles de la critique historique lui semblent étrangères. Sans doute lorsqu'il rassemble des souvenirs précis, des observations personnelles sur la nature et la société, ses jugements sont admirables par l'autorité de la science et de la logique, mais lorsqu'il s'appuie sur des éléments fictifs, sur les assertions non contrôlées des voyageurs et des matelots, nous le voyons s'égarer dans les folles théories, les rêveries inféconds; et le même esprit qui déposera dans la conscience des peuples les principes immortels du droit des gens, fournira le texte à de légitimes railleries quand il touchera aux origines de l'humanité et aux mœurs fabuleuses des peuples primitifs.

Tel est l'homme dont nous devons analyser la mission religieuse et sociale. Nous mêlerons le blâme à l'éloge, car le génie de Rousseau est un creuset où l'or des vrais principes se mêle aux scories des préjugés et de l'erreur. Mais dans cette étude, nous nous souviendrons de ces mots sympathiques de Chateaubriand : « Tel est l'embarras que cause à l'homme impartial une éclatante renommée, il l'écarte autant qu'il peut « pour mettre au grand jour la réalité, mais la « gloire revient et comme une vapeur radieuse « couvre à l'instant le tableau. »

CHAPITRE II

La morale de Rousseau.

Dès l'abord nous sommes péniblement frappés d'un vice inhérent au caractère de Rousseau, c'est la faiblesse, le manque d'empire sur soi-même, c'est le vacillement dans les résolutions, l'action permanente des circonstances extérieures.

Ce puissant génie semble dirigé par une volonté enfantine, les lambeaux de son bonheur flottent au souffle des passions d'autrui, et les meilleures journées de ses triomphes littéraires sont assombries par les rêves d'une imagination maladive. Qui s'étonnerait dès lors de rencontrer les plus pénibles contradictions dans ses livres et de voir les pages sublimes sur la vertu et le bonheur succéder aux repoussantes peintures du vice. Hélas! telles sont les misères intimes du grand philosophe. Un jour, sous l'influence des personnes qui déshonorent sa vie intime, il traduira en un style enchanteur les murmures des désirs du jeune âge, et les énergiques appels des passions grossières. Puis, fermant son âme aux bruits fâcheux, aux souvenirs irritants du monde, il aborde les régions épurées du devoir. Voyez dès lors comme il s'élève aux plus hautes conceptions morales : « La conscience, dit-il, est la voix de l'âme. Les « passions sont la voix du cœur, la conscience ne « trompe jamais. Instinct divin! Immortelle et « céleste voix! Guide assuré d'un être intelligent « et borné, mais intelligent et libre! Juge infailli- « ble du bien et du mal, qui rend l'homme sem- « blable à Dieu! C'est toi qui fais l'excellence de « sa nature, sans toi je ne vois rien en moi qui « m'élève au-dessus des bêtes que le triste privi- « lége de m'égarer d'erreurs en erreurs à l'aide « d'un entendement sans règles et d'une raison « sans principes. »

Puis quelle admirable application de ces principes dans la régénération de la famille. Au milieu de la société française un doux souvenir lui revient du pays natal où les enfants ont une place égale au foyer domestique et dans l'héritage paternel ; il y trouve les éléments nécessaires pour réformer la famille dégradée par les traditions féodales et les absurdités des mœurs du siècle, il attaque les coutumes qui dénaturent les rapports des parents et des enfants dans les classes élevées de ses contemporains.

Un livre paraît, l'*Émile*, qui peint en traits de feu la frivolité mondaine mise à la place des saintes affections du cœur et les devoirs du mariage oubliés pour la passion du plaisir. Le père égaré dans les liaisons illicites, l'intrigue et la débauche; l'épouse passant la nuit au jeu, dans les bals, au théâtre et la journée à sa toilette. L'administration de la fortune remise aux mains des intendants et des procureurs, les enfants privés des soins naturels de la mère, abandonnés au caprice des servantes et des valets, éloignés du sanctuaire de la maison paternelle, ou devenant l'objet de flatteries ridicules pour leur beauté et les moindres indices d'esprit, enfin les aînés héritant des titres et des biens, les cadets relégués dans les ordres ou les armées.

La société française est bouleversée par les sanglantes satyres de l'*Émile*. Un mot que laisse échapper l'immortel peintre de la nature, nous fait apprécier l'influence qu'il exerce sur le cœur des parents oublieux de leurs devoirs.

Lorsqu'on apporte à Buffon les pages du nouveau Code de la famille,... il reste longtemps rêveur, ses yeux se remplissent de larmes. Mais pourquoi cet attendrissement? Il n'y a rien de nouveau; rien que vous n'ayez écrit vous-même! « Oui, je l'ai dit, il y a longtemps, mais Rousseau pourra seul se faire écouter, à coup sûr il « va régénérer le foyer domestique? »

Ah! nous voudrions poser maintenant la plume et, après avoir contemplé cette pure création des rêves du philosophe-poète, ne pas découvrir les taches qui flétrissent les plus belles pages de ses œuvres. Mais ne devons-nous pas rappeler que sous l'influence des Charmettes et des vulgaires incidents de son intérieur, les femmes de ses romans deviennent des êtres contradictoires. Dans la compagne de l'*Émile*, qu'il veut offrir comme le type de l'épouse, il fait coexister l'innocence et la pudeur avec les précautions de la débauche; après deux jours de mariage il lui donne l'expérience consommée d'un jeune libertin!

Dans la *Nouvelle-Héloïse* les charmes poétiques de la passion brûlante ne sont-ils pas mille fois plus redoutables que la crudité des livres ouvertement licencieux et pense-t-il raffermir le sens moral de ses lecteurs, les mettre à l'abri de ses irrésistibles séductions, lorsqu'après ces pages flétrissantes, il se transporte dans les hautes sphères des affections pures et décrit en ces termes le véritable amour :

« C'est le plus chaste de tous les liens, c'est lui, « c'est son feu divin qui sait épurer nos penchants « naturels en les concentrant dans un seul objet. « C'est lui qui nous dérobe aux tentations et qui « fait qu'excepté cet objet unique un sexe n'est « rien pour l'autre. »

L'homme que Rousseau estimait le plus dans ce monde, Abauzit, ne lui cache pas ses sentiments touchant ces périlleuses contradictions.

« Non, votre *Héloïse* ne nous satisfait point et « vous ne tenez pas ce que vous avez promis d'é- « crire touchant la pudeur, la modestie et la vertu « des femmes ; si votre dessein est de les conduire « à la vertu par le crime, votre espérance est « vaine. Elles regardent le prêche de Julie sur « l'infidélité conjugale comme parfaitement dé- « placé dans la bouche d'une fille qui, dès le com- « mencement de sa passion, montre qu'elle n'a ni « pudeur ni honneur. »

Mais si grand que soit le désordre produit par

les fictions immorales de Rousseau, il n'approche point des misères *engendrées* par le tableau des *réalités*.

Cinquantes pages de moins dans les *Confessions!* nous disait un jour sur les collines des Charmettes un ami dont l'esprit élevé et le cœur plein des saints devoirs de la famille appréciait les tristes contrastes de ces souvenirs. «Cinquante pages de moins et la mémoire de l'écrivain passait sans tache à la postérité!» Rousseau justifie pleinement ce légitime regret lorsque, délivré de sa folie temporaire, il trace les règles de l'éducation morale. « Que de précautions à prendre avec un « jeune homme bien né avant que de l'exposer au « scandale des mœurs de ce siècle, ces précau- « tions sont pénibles, mais elles sont indispensa- « bles, c'est la négligence en ce point qui perd « toute la jeunesse, c'est par le désordre des pre- « miers âges que les hommes dégénèrent et qu'on « les voit devenir ce qu'ils sont aujourd'hui. »

« Oui, je le soutiens, un enfant qui n'est pas « mal né, et qui a conservé jusqu'à vingt ans son « innocence, est à cet âge le plus généreux, le « meilleur, le plus aimant et le plus aimable des « hommes. »

Et malgré ces conseils que le génie inspire aux heures de moralité, les exécuteurs testamentaires de Rousseau ont fourni aux esprits entraînés par la magie de son style des pages qui altèrent la pureté native du lecteur. A eux le remords et la honte de n'avoir pas couvert du manteau de Sem ces ignobles réalités.

Si du moins Rousseau, après avoir publié les mystères de sa vie intime et les rêves de son imagination en délire, eût offert le contre-poids de ces dangereuses révélations en les stigmatisant avec l'énergie qu'il sait déployer contre l'hypocrisie et le mensonge!

Peut-être que les lèvres déjà flétries sur les bords de la coupe empoisonnée se rafraîchiraient aux nobles émanations du devoir, et le génie capable d'entraîner le monde social sur les chemins d'un nouvel avenir aurait préservé de la corruption les consciences livrées à son irrésistible empire. Mais Rousseau a répudié ce noble apostolat et les amis de sa renommée déploreront toujours cette fatale erreur. On a souvent essayé de pallier les égarements de notre philosophe par des sophismes tels que celui-ci : Rousseau connaissait son siècle, et s'il eût retranché de ses livres le scandale et les obscénités, les exemplaires seraient demeurés intacts dans les magasins du libraire; cette assertion, que la conscience de Rousseau eût traitée de calomnie, a été naguère reproduite au sujet de Béranger, elle est un affront gratuit à la société civilisée. Quoi, l'homme de génie devrait prendre le masque de l'immoralité pour présider le banquet de la grande famille intellectuelle! Mais vous, Lafontaine! Fénelon! Corneille! Racine! Molière! Lamartine! Chateaubriand! Shakespeare! Walter Scott! Gœthe! Schiller! hôtes immortels du foyer! compagnons préférés du travailleur solitaire! directeurs légitimes de la pensée sociale, vous répondez victorieusement à cette assertion et votre lumière fait pâlir celle de Rousseau, parce que votre plume ne s'est jamais soumise aux caprices de la foule!... Et toi, noble et pur Bernardin de St-Pierre, n'as-tu pas involontairement prononcé une sentence fatale sur l'œuvre de ton ami, lorsque tu enveloppas la plus ardente passion des voiles délicats de la pudeur... tu as victorieusement établi : « Que l'homme n'est pas fait pour la méchanceté! » Et tandis que la *Nouvelle-Héloïse* est prudemment reléguée dans les rayons perdus des bibliothèques, *Paul et Virginie* gardent la place d'honneur au sanctuaire de la famille.

CHAPITRE III

Rousseau et la religion.

Les affirmations évangéliques et l'esprit libéral de l'Église genevoise au dix-huitième siècle devaient subir une rude épreuve. Deux classes d'écrivains voulaient réduire le christianisme à l'enseignement d'une religion dite Naturelle, savoir : l'existence de Dieu, la vie à venir et le pouvoir suprême de la conscience. Nous avons vu que les instructeurs religieux Osterwald et Turretin avaient modifié habilement les anciens catéchismes, en plaçant dans le nouveau l'exposé de ces dogmes que l'homme peut découvrir par les lumières et les efforts de sa raison. Cet enseignement servait d'introduction à la religion révélée. L'idée était heureuse ; mais dans ce temps où le doute et la négation affluaient de toutes parts, lorsque le Dictionnaire de Bayle était admis comme règle de l'histoire et de la foi biblique, on vit s'introduire une fâcheuse coutume chez les réformés franco-suisses.

Les lecteurs se bornèrent à la préface des formulaires religieux et négligèrent les dogmes chrétiens, le Péché, le divin pouvoir de Jésus-Christ, la Rédemption, la Résurrection des morts, l'œuvre régénératrice du Saint-Esprit.

A ce déisme sérieux se joignit bientôt le système des railleries inauguré par les athées et les matérialistes de l'encyclopédie..... Voltaire déversa sur le christianisme tout le fiel, la haine et l'ironie que pouvaient contenir son imagination et son esprit. Il confondait avec une insigne fausseté l'Évangile dans les misères morales du catholicisme et disait : « je trouve la religion de Jésus-Christ extravagante, injurieuse à Dieu, pernicieuse aux hommes, autorisant les rapines, les séductions, la révélation du secret des familles, etc. »

Les pasteurs de Genève combattirent avec foi et persévérance les attaques multipliées des adversaires du dix-huitième siècle. « Le temps n'est plus, disaient-ils, où l'on peut se borner à l'exposé du dogme et parler aux fidèles de paix et d'union religieuse. Il faut maintenant s'opposer à l'impiété, à la négation de l'autorité divine des Écritures ; il faut prouver la vérité de la religion chrétienne, le fait de la Rédemption qui est l'objet des doutes les plus pénibles. »

Telle était la position de l'Église genevoise lorsque Rousseau manifesta des croyances qui devaient agir profondément sur le sentiment religieux de ses contemporains.

Nous avons exposé le caractère sérieux des parents de Calvin et l'heureuse direction de son enfance et de sa jeunesse. Rousseau fut malheureusement privé de ces éléments intellectuels et religieux qui influent sur nos premières années et demeurent comme souvenirs dominants dans toute notre carrière.

Sa famille, d'honorable bourgeoisie, s'établit à Genève au seizième siècle pour fuir les persécutions qui décimaient les réformés de Paris.

Isaac Rousseau, père du philosophe, avait fort déchu. C'était un médiocre horloger, de mœurs grossières, cumulant le commerce des montres avec l'enseignement de la danse. La mère de Jean-Jaques mourut en 1712 peu de jours après sa naissance. Sa famille était honorable et l'enfant reçut les meilleurs soins durant les premières années. Il fréquenta le Collége républicain où l'on élevait les écoliers comme s'ils devaient tous embrasser des professions scientifiques et littéraires. Le pasteur chargé de son instruction religieuse lui inspira des croyances simples et propres à former une conscience délicate.

Cette première éducation de Rousseau est misérablement interrompue par la faute de son père. Compromis dans un duel où il avait tous les torts et que Jean-Jaques, trompé par les récits de famille, rapporte inexactement dans les *Confessions*, Isaac Rousseau s'éloigne de sa ville natale, et confie sans remords la tâche paternelle à des tiers irresponsables, et trouve tout simple que son frêle et délicat enfant abandonne ses études classiques pour l'industrie favorite des Genevois. A l'âge de quatorze ans, Rousseau, placé dans un atelier de graveur, reste sans surveillance morale. Son maître, brutal et grossier, ne s'inquiète nullement des leçons de pillage, de mensonge, de débauche prématurée qu'il reçoit de ses camarades de travail et des gamins dans la rue. Au bout de deux ans, les mauvais traitements du patron déterminent la fuite de Jean-Jaques. M. de Pontverre, noble curé du voisinage le recueille et l'expédie à Annecy chez Mme de Warens, jeune dame vaudoise qui, poussée par des fautes et des chagrins, avait changé de religion et recevait la pension que les rois de Sardaigne accordaient alors aux transfuges du protestantisme.

Rousseau portait la lettre suivante :

« Je vous envoie ce jeune homme qui a déserté « son pays, il me parait d'un heureux caractère, « il a passé un jour chez moi et c'est encore Dieu « qui l'appelle à Annecy. Tâchez de l'encourager « à embrasser le catholicisme. C'est un triomphe « quand on peut faire des conversions. Vous con- « cevez aussi bien que moi que pour ce grand « œuvre, auquel je le crois assez disposé, il faut « tâcher de le fixer à Annecy dans la crainte « qu'il ne reçoive ailleurs quelques mauvaises « instructions. Ayez soin d'intercepter toutes les « lettres qu'on pourrait lui écrire de son pays, « parce que se croyant abandonné, il abjurera « plus tôt. Je remets tout entre les mains du « Tout-puissant et les vôtres que je baise.

« Votre T. H. S. de Pontverre. »

Mme de Warens, docile aux ordres de ce prêtre, expédie Jean-Jaques à Turin pour y faire son abjuration. Le père Rousseau, apprenant le lieu de refuge de son fils, vient à Annecy, peu de temps après le départ du jeune évadé. Il pouvait aisément le rejoindre et le ramener au logis, mais son incurable égoïsme est satisfait d'être délivré de l'entretien de son fils, il verse quelques larmes hypocrites et l'abandonne à ses nouveaux protecteurs.

Le plan du curé Pontverre est réalisé.

Rousseau entre dans l'Hospice des catéchumènes au Santo Spirito. Nous avons reçu de l'administration actuelle des biens des couvents, le tableau du séjour de Jean-Jaques en ce refuge. Cet acte confirme exactement le récit des *Confessions*. Entré le 12 avril il en sortit rebaptisé le 23 août avec cinq francs recueillis pendant la cérémonie. Il déploya avec son abbé instructeur certaines connaissances théologiques puisées dans la lecture d'ouvrages religieux trouvés à Genève chez son oncle Bernard qui avait été pasteur.

FAC SIMILE DE L'ACTE D'ABJURATION DE JEAN-JAQUES ROUSSEAU
à l'Archiconfrérie du Santo Spirito, à Turin, en 1728. Bulletin d'octobre.

ANNO	CATECUMENI	ETA (Age).	ARRIVO	PARTENZA (Départ).	SETTA (Secte).	ABJURA (Abjuration).	BATTESIMO (Baptême).	PATRINI (Parrain et Marraine.)	RICERCHE DEL BACILE
1728	ROSSO Giovanni Giacomo di Gineva Calvinista.	16	12 aprile. (Avril.)		Calvinista.	21 agosto. (Août.)	23 agosto. (Août.)	Signor Giuseppe Andrea FERRERO e signora Francesca Cristina RONCO	(Reçu dans le bassin de l'église collecte du jour de l'abjuration) Lire 5, 10 s. (Livres.)

Certifié conforme à l'original.
Turin, le 24 juillet 1877.

Le Délégué,
Gabelli-Maggiorino.

Plus tard à Turin, obligé de porter la livrée de valet pour gagner sa vie, il fit la connaissance d'un abbé savoisien, M. Gaime, qui eut une influence décisive sur son avenir religieux. Ce théologien était déiste, il n'admettait pas le caractère surnaturel de la Révélation, il ne croyait point aux miracles de Jésus-Christ ; le Sauveur n'était pour lui que le plus sublime des sages. Il enseigna cette théologie à son disciple. Les résultats sont faciles à concevoir : un catéchumène à qui son instructeur religieux essaye de démontrer que l'élément miraculeux n'existe pas dans l'Évangile pourra difficilement arriver par lui-même à la foi chrétienne.

Telle fut l'initiation de Rousseau dans le naturalisme religieux. Il revint chez Mme de Warens déiste au fond du cœur et au dehors catholique pratiquant et sincère, mélange de termes opposés qui se voit très-fréquemment sur les deux versants des Alpes et des Pyrénées.

Vingt-cinq ans plus tard, nous retrouvons Rousseau dans sa belle période politique et littéraire ; ses triomphes au théâtre, ses œuvres philosophiques attirent sur lui les regards et les applaudissements des cours et des académies. Mais il regrette vivement que son adoption du catholicisme lui ait fait perdre les droits de citoyen genevois, il revient dans son pays et adhère par une insoucieuse affirmation aux lois qui exigent l'adoption des vérités contenues dans l'Ancien et le Nouveau Testament.

Il est réintégré dans l'Église protestante et nous devons étudier le caractère de la religion du philosophe genevois après cette importante évolution.

Le sentiment religieux, ce pouvoir de l'esprit humain qui conçoit l'idée de la divinité et y joint une impression de crainte, de repentir et d'amour, cette faculté qui trace une démarcation absolue entre l'homme et les autres créatures et forme le plus beau fleuron de sa couronne intellectuelle et morale, que devient-elle chez Rousseau?

Il est déiste, il adopte la religion naturelle et définit en quelques mots sa position.

« Les dogmes ne peuvent être expliqués. La « fréquentation des incrédules a ranimé ma foi. « La lecture des saints Livres m'a montré Dieu « et le sort véritable de l'homme. Je possède l'es- « sentiel de la religion, la forme est une affaire « qui concerne les lois et les usages humains. »

Rousseau se met à la tête des sectateurs de la Religion naturelle. Il jette la croyance du vicaire savoyard dans le moule de son esprit et revêt de formes splendides les théories pesamment élaborées par ses devanciers.

Posant comme un fait incontestable la puissance absolue de l'homme pour découvrir la vérité morale et religieuse, il développe en ces termes ses opinions :

« Les plus grandes idées de la divinité nous « viennent par la raison seule. Voyez le spectacle « de la nature ; interrogez la voix intérieure, Dieu « n'a-t-il pas tout dit à notre conscience et à notre « jugement. C'est dans ce beau et sublime livre « que j'apprends à adorer et à servir son divin « auteur, nul n'est excusable de n'y pas lire, parce « qu'il parle à tous les hommes une langue intel- « ligible à tous les esprits. »

Rousseau trouve dans son génie des pages magnifiques sur l'existence de Dieu et la perfection morale des Évangiles.

« Dieu! dit-il, plus je m'efforce de contempler « son essence infinie et moins je la conçois ; mais « cela me suffit, moins je la conçois plus je l'a- « dore. Je m'humilie et je lui dis : Être des êtres,

« je suis parce que Tu Es. C'est m'élever à ta « source que de te méditer sans cesse. Le plus « digne usage de ma raison est de m'anéantir en « toi. C'est mon ravissement d'esprit, c'est le « charme de ma faiblesse de me sentir accablé « de ta grandeur. »

Et en parlant des Écritures, qui ne connaît l'immortelle page où il exalte leur perfection esthétique. « La sainteté de l'Évangile parle à « mon cœur ! Voyez les livres des philosophes « avec toute leur pompe qu'ils sont petits près de « celui-là ! Se peut-il qu'un livre à la fois si su- « blime et si simple soit l'ouvrage des hommes. Se « peut-il que celui dont il fait l'histoire ne soit « qu'un homme lui-même. Est-ce là le ton d'un « ambitieux sectaire ? Quelle douceur ! quelle pu- « reté dans ses mœurs ! Quelle grâce touchante « dans ses instructions, quelle élévation dans ses « maximes, quel empire sur ses passions..... Di- « rons-nous que l'histoire de l'Évangile est inven- « tée à plaisir ? Mon ami, ce n'est pas ainsi qu'on « invente et les faits de Socrate, dont personne « ne doute, sont moins attestés que ceux de Jésus- « Christ, » etc.

La définition de Rousseau touchant la conscience est également admirable (voir pag. 140, caractère moral).

Touchant l'immortalité, voici la pensée de Rousseau :

« Après la mort, quand délivrés des illusions « que nous font le corps et les sens, nous jouirons « de la contemplation de l'Être suprême et des « vérités éternelles dont il est la source, quand « la beauté de l'ordre frappera toutes les puissan- « ces de notre âme, quand nous serons unique- « ment occupés à comparer ce que nous avons fait « avec ce que nous avons dû faire, c'est alors que « la voix de la conscience reprendra sa force et « son empire. C'est alors que la volupté pure qui « naît du contentement de soi-même et le regret « amer de s'être avili distingueront par des sen- « timents inépuisables le sort que chacun se « sera préparé. »

Au point de vue rationnel, une admiration sincère peut accueillir le théisme de Rousseau, mais pour le chrétien évangélique combien de lacunes dans son système. Les clartés brillantes qui ont dirigé ses premiers pas sur le chemin de la foi, l'abandonnent au milieu de la course. La forte analyse du vicaire savoyard se trouble devant les questions de la souffrance, du péché, des relations de la conscience avec le Dieu des vivants et des morts. Il n'aborde pas même la nécessité d'un repentir sérieux : son incommensurable orgueil anéantit en son âme l'humilité des cœurs simples.

La notion d'un Sauveur, victime volontaire pour racheter nos péchés et nous assurer la vie nouvelle par sa résurrection, lui demeure absolument étrangère. Cet instinct divin, qui demande au ciel le secours dans le péril et la consolation dans la douleur, lui paraît une fâcheuse illusion et la prière n'est pour lui qu'une forme de l'énergie humaine luttant contre l'infortune, ou l'élan spontané d'un cœur reconnaissant. Néanmoins, malgré ces défauts, ces lacunes qui blessent les consciences chrétiennes et les cœurs froissés et brisés, nous devons dire qu'à l'époque de sa publication, l'*Émile* rendit un véritable service à la cause religieuse.

En effet, les coteries matérialistes flétrissaient la croyance à la Divinité. L'aigreur de leurs railleries paralysait le sentiment chrétien et le ridicule entourait les apologistes de l'Évangile.

Qu'on se représente le théisme de Rousseau pénétrant dans les cercles des incrédules de Paris et de Berlin ! La stupeur l'accueille, l'ironie s'exhale, les rumeurs sympathiques de la foule produisent une vive inquiétude et la rancune inspire des pamphlets où s'étale l'athéisme.

Voltaire lui-même, malgré sa croyance en Dieu, se laisse emporter par une ridicule indignation : « Avez-vous lu la prose du sieur Jean-Jaques, « son *Vicaire savoyard* est digne de tous les châ« timents possibles. Le Judas nous abandonne, et « quel moment choisit-il pour nous abandonner ? « l'heure où notre philosophie allait triompher « sur toute la ligne. »

Les écrivains sensualistes ne se trompent pas dans leurs prévisions. La beauté des formules religieuses pénètre l'imagination du lecteur solitaire. Les sympathies morales, dès longtemps effacées, réchauffent les cœurs blasés.

Les esprits sérieux acceptent ces hautes conceptions de la Divinité, le courage de l'auteur de l'*Émile* entraîne les indécis et les faibles, et le respect pour les croyances de la religion naturelle pénètre dans les coteries mondaines. Cette bienveillante appréciation du théisme de Rousseau fut largement secondée par l'imprudente persécution de ses adversaires officiels. L'archevêque de Paris fait composer et publier une réfutation de l'*Émile*. Le parlement le condamne parce que ce livre détruit la Révélation et que les hommes de l'école de Rousseau seraient enclins au doute et préoccupés de la tolérance.

A Genève, les magistrats sont fort inquiets des périls que peut faire courir à la république le mauvais vouloir du gouvernement français envers un de ses citoyens. Ils cèdent à la pression latente du ministère Choiseul et l'*Émile* de Rousseau est brûlé dans la même semaine au Palais de Justice de Paris et à l'Hôtel de Ville de Genève [1].

Cette exécution excite les ressentiments de quelques amis de Rousseau. MM. Pictet, Moultou, Duvillard, accusent publiquement l'autorité. On les oblige à se rétracter, et les admirateurs de Rousseau, malgré leur nombre, ne laissent voir leur bienveillance que par des lettres intimes. Rous-

[1] Nous publions intégralement à la fin de ce volume les lettres inédites des Résidents français à Genève en mai et juin 1762. La communication de ces pièces nous avait été refusée sous l'Empire, et nous remercions ici M. Léon Faugère, directeur des archives étrangères, de nous avoir facilité la copie de ces importants documents.

seau est navré de l'apathie de ses partisans : la mollesse de leurs réclamations et la silencieuse indifférence de la bourgeoisie au sujet de l'*Emile* lui paraissent une grave injure. Après avoir attendu pendant plusieurs mois un réveil de la sympathie publique, le malheureux philosophe répudie la bourgeoisie de Genève et cette démarche émeut la société française. Les esprits genevois sont péniblement secoués par un si rude affront. Une violente polémique s'engage au sujet de Rousseau. Offensé par un écrit du procureur général Tronchin qui veut prouver la légitimité de la destruction de l'*Émile*, le philosophe mêle la question religieuse à ses affaires personnelles et publie les *Lettres de la Montagne*, où le doute respectueux du vicaire savoyard fait place aux préjugés haineux, au dédain, à l'ironie touchant la Révélation évangélique.

Ces passions antichrétiennes de Rousseau exercèrent une délétère influence sur le sentiment religieux des masses. On oublia le culte rendu au caractère divin des Évangiles pour se repaître des sarcasmes prodigués aux actes miraculeux de Jésus-Christ.

Les observateurs sérieux du cœur humain pouvaient prévoir ce résultat, car ils connaissaient les faciles attraits du doute qui glace les sentiments conservateurs de la morale et du sacrifice religieux. Aussi l'homme qui ébranle l'autorité chrétienne supérieure à la volonté individuelle est sûr d'entraîner les jeunes cœurs avides de la liberté licencieuse aussi bien que les personnes fatiguées par les pénibles luttes de la vie intime. Ces pages des *Lettres de la Montagne*, à jamais regrettables pour les amis de la Révélation évangélique, sont acceptées volontiers sans contrôle. Malgré leur infime valeur critique, trop souvent on leur accorde l'autorité que méritent seules les grandes œuvres philosophiques et sociales qui font la gloire immortelle de Rousseau. . Cet ami de l'humanité, qui regarde comme un crime de pervertir la pensée d'un enfant, prenant un jour ses colères pour des principes, cause un mal irréparable aux consciences dont il rêvait l'indéfinie perfection.

Si ces pages avaient été publiées il y a vingt ans, nous aurions dû terminer ici la brève analyse des idées religieuses de Rousseau, mais une circonstance fortuite a mis au jour une dernière évolution du célèbre écrivain.

En 1858, je préparais des conférences sur notre Jean-Jaques. La famille Moultou me confia des manuscrits de Rousseau, complétement inédits. A ma joyeuse surprise, je trouvai un cahier contenant un système religieux tellement supérieur aux théories de l'*Émile*, que je cherchai les moyens de lui donner une publicité fort étendue. Mon vœu fut promptement réalisé par la bonne volonté d'un ami. Au mois de juillet de cette même année, je montrais à Jules Bonnet quelques pages de ce testament chrétien de Rousseau.

Frappé de la nature de cet écrit, il l'emporte à Paris pour le communiquer à M. Mignet qui, sans retard, en donne lecture à l'Académie des sciences morales et politiques. La docte assemblée partagea la sympathie du grand historien et Prévost-Paradol fit connaître dans le *Journal des Débats* cette nouvelle et dernière phase des convictions de Rousseau.

Ce récit allégorique présente un philosophe qui s'efforce de démontrer la vérité touchant le Créateur, les lois de l'univers, la nature et l'autorité du devoir moral, les problèmes concernant la vie et l'immortalité. Toutes ces questions, qui semblent résolues par le vicaire savoyard, se représentent à l'esprit de Rousseau et le doute envahit son âme. Après un intervalle de quinze années, dans le silence de la retraite et l'apaisement des luttes, sa réponse sera-t-elle identique aux affirmations de l'*Emile* et trouvera-t-il dans son autorité personnelle ou dans un élément étranger la solution des questions religieuses?

Voici la suprême réponse de Jean-Jaques au terme de sa carrière.

Il présente un investigateur qui trace un tableau de la nature et ne pouvant en déterminer l'origine première, il avoue que cet univers, qui l'a d'abord enchanté, n'est pour lui qu'un sujet d'inquiétude. Il se lasse de flotter entre des systèmes sans preuves et des objections sans réplique.

« Quand un rayon de lumière vient frapper son « esprit et lui dévoiler ces sublimes vérités qu'il « n'appartient pas à l'homme de connaître par lui« même, et que la raison humaine sert à confirmer « sans servir à les découvrir. »

Sous cette nouvelle influence, la vérité touchant l'Être suprême lui apparaît tout entière...

« Et cette grâce, dit-il, est le prix de la bonne « foi avec laquelle il convient de son ignorance « plutôt que de consacrer ses erreurs sous le beau « nom de philosophie. »

Après avoir renié la puissance native de l'homme pour découvrir la vérité absolue, Rousseau marche plus avant sur la route des dogmes chrétiens. Il décrit les perturbations opérées par l'orgueil humain dans les croyances religieuses. Il montre Socrate fléchissant sous les misères du paganisme. Il oppose aux défaillances naturelles du genre humain, l'exemple de son philosophe idéal écoutant la Voix qui se fait entendre dans les airs et prononce distinctement ces paroles : « C'est ici le FILS DE L'HOMME, que les cieux se « taisent devant lui et que la terre écoute sa voix. » Puis Rousseau dépeint la personne de l'infaillible Révélateur. « Le Christ des Évangiles, qui ren« verse les faux dieux et pardonne à ses enne« mis. » Il redit le céleste appel : « Mes enfants, « je viens *expier* et *guérir vos erreurs.* Aimez Ce« lui qui vous aime, et connaissez Celui qui est. »

Rousseau termine par cet élan de sa conscience : « Il ne fallait que l'entendre une fois, « pour être persuadé, on sentait que le langage

« de la vérité ne lui coûtait rien, parce qu'il en « avait la source en lui-même. »

Le sens de cette allégorie est-il assez clair ? et tout esprit impartial ne reconnait-il pas une différence positive, accentuée avec les principes énoncés dans la confession de foi du Vicaire savoyard.

La vérité découverte par le sens intime de l'homme.

La vérité enseignée par l'esprit de Dieu.

Voilà les deux termes de l'évolution religieuse du philosophe genevois.

Il est fâcheux que, pour des motifs peu raisonnables, les détenteurs de cette confession de foi ne l'ayent pas publiée après la mort du philosophe en même temps que ses œuvres posthumes, mais il est peu probable que cette doctrine modifiée eût agi sur l'esprit des lecteurs. Les affaires politiques et nationales occupaient les populations. La conscience des disciples de Rousseau était satisfaite de la religion facile. Le principe chrétien demeurait étranger aux acteurs des drames révolutionnaires. Le clergé protestant multipliait des efforts peu couronnés de succès dans la lutte contre le naturalisme prépondérant, et le renouvellement de la foi évangélique se trouvait ajourné jusqu'à la paix générale.

CHAPITRE IV

La politique française de Rousseau.

Nous venons maintenant présenter à nos lecteurs la dernière et la plus belle œuvre de Rousseau. Sa conception de la société moderne et la réformation des abus qui pesaient sur le monde européen.

Rousseau a puisé sa théorie de l'égalité politique dans les principes de Grotius et de Montesquieu. L'application lui est fournie par les impressions de la terre natale aux jours de sa jeunesse. « Votre constitution est excellente, écrit-il à ses « compatriotes, vous n'avez point d'autres maîtres « que les sages lois que vous avez faites et qui « sont administrées par des magistrats de votre « choix. Tous les mouvements de l'État tendent « au bonheur commun, le peuple et le souverain « n'étant qu'une seule et même personne ! »

Mais cet idéal est bientôt troublé par les passions politiques; les émeutes genevoises doivent inspirer au grand citoyen la haine des discordes intestines, l'horreur du sang versé par l'effet des opinions ennemies.

Agé de vingt-cinq ans, il assiste à l'une de ces prises d'armes aussi fréquentes que promptement apaisées au sein des États véritablement libres. Dans la famille de ses meilleurs amis on embrasse des partis contraires, les hommes d'un âge mûr s'attachent aux représentants de l'autorité, les jeunes passent dans les rangs de l'opposition.

« Je vis un jour, dit Rousseau, le père et le fils « sortir armés de la maison, sûrs de se rencon- « trer deux heures après, exposés à s'entr'égor- « ger. Ce spectacle me fit une impression si vive « que je jurai de ne jamais tremper dans une « guerre civile et de ne jamais soutenir au dehors « la liberté par les armes, ni de ma personne, ni « de mon aveu. »

Sur la terre de France, la misère et l'oppression des campagnes dévoilent à Rousseau l'iniquité dans la distribution des corvées et dans le recouvrement des impôts.

Voyageant à pied sur la route de Lyon, il entre dans la demeure d'un paysan, on lui offre une maigre pitance, puis le maître, rassuré par la franchise du jeune homme, qu'il prenait pour un espion des gabelles, couvre la table de mets en usage chez les campagnards riches. Surpris de ces procédés, Rousseau sollicite une explication. Il apprend de son hôte que les dîmes de toute espèce tarissent jusqu'aux moindres revenus et qu'il serait ruiné par la taille s'il n'affectait point une indigence complète. « Tout ce qu'il me dit à ce « sujet de la lourdeur des impôts, et dont je n'a« vais aucune idée, me fit une impression qui ne « s'effaça jamais. Je sortis de la maison aussi in« digné qu'attendri, déplorant le sort de ces bel« les contrées, à qui la nature n'a prodigué ses « dons que pour en faire la proie des barbares « publicains. Ce fut là le germe de cette haine in« extinguible qui se développa dans mon cœur « contre les vexations qu'éprouve le malheureux « peuple et contre ses oppresseurs ! »

Ces révoltes de la conscience en face des abus politiques, ce culte de la liberté universelle, ces souvenirs d'une éducation libérale se heurtent dans l'âme de Rousseau, et lorsque son génie a pris tout son essor, le pauvre rêveur sans appui,

sans coterie qui puisse lui frayer les routes littéraires, conçoit le plan et les principes d'une société nouvelle, le réformateur aborde les hautes questions politiques et la force de son intelligence formule sans hésitation le programme de l'avenir.
« Le pouvoir souverain, dit Rousseau dans le « *Contrat social*, réside dans l'ensemble des vo- « lontés du peuple librement exprimées ; cette « volonté est toute-puissante, le citoyen n'est pas « juge des périls et des sacrifices auxquels la loi « veut qu'il s'expose, il doit se soumettre sans « murmure, sa vie n'est point un bienfait de la « nature, mais un don conditionnel de l'État[1]. »

« Le peuple a le droit de choisir la forme de « gouvernement qui lui convient et de se pronon- « cer sur son changement et sa conservation.

« L'on ne saurait envelopper de trop de pré- « cautions l'acte qui doit modifier l'autorité sou- « veraine, aussi chaque citoyen doit être assez « instruit pour se rendre compte de sa responsa- « bilité envers l'État [1]. »

« L'erreur et l'ignorance sont la source de tou- « tes les injustices sociales, en sorte que chacun

[1] *Contrat social*, chapitre V.

« ne doit pas posséder la faculté de proposer de « nouvelles lois à sa fantaisie. Ce droit appartient « aux magistrats qui en usent avec toute la cir- « conspection désirable. » — « Il faut rarement « changer les lois, le peuple méprise bientôt cel- « les qu'il voit modifier tous les jours, et sous pré- « texte de faire mieux on introduit souvent de « grandes misères sociales. »

Les principes généraux qui concernent l'humanité ne sont pas moins précis : « Toute justice « vient de Dieu qui en est la source. L'homme « est né libre, le produit de son travail est sacré, « nul ne peut le lui ravir. » — « Les charges et « les bénéfices de l'État doivent être répartis en- « tre tous les citoyens. » — « Nul ne peut être « exempt des impôts. »

« L'impôt est proportionné à la valeur des pos- « sessions. »

Ces doctrines, qui respirent une ardente sympathie pour l'humanité, produisent les impressions les plus variées.

Les condamnations ecclésiastiques, les auto-da-fé de Paris et de Genève, loin d'étouffer les idées de Rousseau, leur assurent une publicité universelle. On brave les défenses et les amendes.

Le *Contrat social* et *l'Émile*, réfutés dans les salons, sont applaudis dans les cercles et les cafés, applaudis au théâtre et dans les promenades. Après quelque temps cette émotion s'apaise sans laisser en apparence plus de traces sérieuses chez les coteries littéraires que celles d'autres nouveautés oubliées parmi les pamphlets du jour.

Mais si la société privilégiée voit s'amonceler à l'horizon les flots d'un nouveau déluge sans s'inquiéter du navire, si ces gentilshommes, aussi brillants de courage que légers d'expérience, affectent de méconnaître l'importance des principes du citoyen-philosophe, le reste de la nation en saisit la gravité et se sent attiré par les orages mêmes que ces doctrines renferment. Les livres de Rousseau pénètrent au foyer de la famille française, ils sont lus, sérieusement médités par cette race intelligente à qui les abus séculaires n'ont laissé que les charges et les rigueurs de la vie civile. Pendant trente ans les dépossédés des droits politiques pèsent silencieusement les accusations du réformateur contre les usages contemporains. En regard des maximes de liberté absolue et de responsabilité universelle, ils voyent les causes de leurs misères signalées avec une lumière impitoyable. Ce sont les souverains choisis par la volonté divine, irresponsables de leurs actes, inattaquables dans leurs fautes, maîtres de l'honneur et de la vie des sujets ; dévorant par leur avidité ou leur ambition la substance du travail universel et rendus insensibles par la complaisance des flatteurs aux plaintes et aux reproches des lointaines multitudes.

Ce sont des classes dotées d'emplois brillants, de ressources accumulées et d'une autorité exclusive sur le fermier, l'artisan et l'industriel, en sorte que « l'homme né libre est le plus souvent « dans les fers. Les nobles sont tout, les bour« geois rien, les paysans moins que rien. »

L'auteur de ces misères, c'est le despotisme inintelligent qui relègue les magistrats dans le sanctuaire impuissant des lois, les isole dans le fond des provinces et les condamne à d'humiliantes rétractations dès que leur voix tente de flétrir les abus et de signaler les délits publics.

Ce sont les impôts multipliés à l'infini que le peuple paie seul, car le clergé et les nobles se trouvent en dehors des charges pécuniaires qui pèsent sur chaque ville et sur chaque hameau. Il faut payer pour les dîmes du clergé des provinces, pour les gouverneurs, les vice-royautés, toujours plus cher à mesure que l'on monte. Enfin il faut payer pour l'administration suprême qui écrase tout, et malgré l'énormité de ces recettes permanentes, lorsqu'arrivent les cas extraordinaires, les ressources sont illusoires, et l'État se trouve toujours à la veille de sa ruine.

Tels sont les appels adressés par le réformateur à l'ensemble de cette nation paralysée dans son travail, sans sécurité pour le lendemain, sans liberté d'exprimer ses griefs, ses volontés, ses désirs.

La beauté des maximes de Rousseau produit alors une impression pareille à celle qui nous agite dans les premiers jours du printemps; lorsque les yeux sont charmés par la fraîcheur renaissante des forêts et des prairies, nous voudrions traduire en paroles poétiques les élans confus de notre âme, mais l'imagination rebelle trahit bientôt nos efforts et nous choisissons pour interprètes de notre sentiment les chants inspirés des hommes de génie. Et lorsque sur le monde français se lève le printemps des libertés sociales, on voit les esprits et les cœurs émus de ces espérances d'avenir, ravis de cette nouveauté de vie, mais peu préparés aux manifestations de la pensée, emprunter au grand Philosophe ses plus brillantes pages. Les généreux athlètes qui revendiquent les droits de l'humanité revêtent leurs arguments individuels de la magie de son style, et cette involontaire assimilation les soutient dans la lutte contre les priviléges et imprime une chaleureuse éloquence aux discussions des premières assemblées françaises. — Un poëte allemand, à la vue de ce phénomène social, disait : « Le pu-« blic est une montagne qui recèle des échos en-« dormis sous le sommeil des siècles, mais s'il « s'élève une voix assez puissante pour les faire « vibrer, Dieu sait les accords qui frappent le « monde. . . . .

En effet, l'œuvre s'avance, les obstacles s'accumulent et le génie de Rousseau plane encore sur les actes décisifs de la législation française. Un jour les amis et les serviteurs de la royauté veulent agrandir les priviléges existant et déjà menacés.

« Au roi seul, disent-ils, appartient la puis-« sance souveraine dans son royaume. »

« Il n'est comptable qu'à Dieu de l'exercice du « pouvoir suprême. »

« L'autorité législative réside dans la personne « du souverain, sans dépendance et sans partage « (19 novembre 1787). »

Les députés de la nation française formulent à leur tour la déclaration des droits de l'homme, qui creuse un abîme entre le monde féodal et les générations modernes. La tâche est facile, le 28 août 1789 ils résument en articles précis les doctrines politiques du Contrat social touchant la liberté native, le respect absolu de la propriété, l'égale répartition des charges publiques et la responsabilité de tous les agents de l'État.

Maintenant, si le génie de Rousseau est le principe inspirateur des constitutions du dix-huitième siècle, peut-on le rendre solidaire des violences révolutionnaires de la France!

Hélas! les misères abondent dans l'histoire des idées et la proclamation d'un noble principe soulève les mauvaises passions qui s'emparent des vérités nouvelles et changent les doctrines saines et les forces vitales en instruments de ruine et de mort.

Le christianisme inspire la parfaite pureté du cœur et demande l'infinie miséricorde dans le ciel et sur la terre, et les Jean de Leyde, les Torquemada font sortir de l'Évangile le privilége de se livrer à tous les vices et de punir par le fer et le feu les libertés de la pensée.

Le code de la justice naturelle, de l'égalité humaine, la loi de la liberté sociale ont sans doute soulevé les passions des hommes de quatre-vingt-treize, mais les âmes fanatiques, les cœurs avilis ne sont pas plus disciples de Rousseau que le duc d'Albe et les Mormons ne sont les enfants de l'Évangile.

Sans doute un danger permanent résulte de cette autorité presque absolue de l'État sur la vie et les droits du citoyen, et Robespierre s'est fatalement inspiré du Contrat social pour légitimer l'effusion du sang. Mais le Philosophe réformateur, en construisant son système, ne supposait pas que les passions anéantiraient les principes, et dans les régions idéales où planait son génie, pouvait-il prévoir que l'ambition personnelle, l'orgueil et la luxure remplaceraient le dévouement désintéressé et les nobles résolutions des amis de l'indépendance nationale? Pouvait-il prévoir que la confiscation illégale des propriétés héréditaires, l'élévation des intrigants, *le vol autorisé* remplaceraient la sainte théorie de l'égalité des charges et des bénéfices sociaux ?

Pouvait-il croire que les dépossédés des titres nobiliaires et des abus féodaux appelleraient le feu et le fer de l'étranger sur le sol de la patrie ?

Pouvait-il supposer que la suprême confiance qui fonde l'inviolabilité du souverain disparaîtrait dans le gouffre du fanatisme politique et que les massacres de l'Abbaye répondraient aux violations des frontières ?

Hélas ! si le réformateur social, atteignant les extrêmes limites de la vieillesse, était venu se placer devant le fatal tombereau et, joignant ses mains tremblantes, avait redit à la foule égarée ces immortelles paroles :

« La meilleure des révolutions est achetée trop « chère au prix du sang d'un seul homme ! Du « sang, bon Dieu ! que voulez-vous faire de ce « sang ! bêtes féroces, voulez-vous le boire ! » Qui sait si la tête de Rousseau ne fût pas tombée à côté de celle de Louis XVI ?

Nous voulons terminer cette analyse de l'œuvre et du caractère de Rousseau en présentant une observation que nous croyons nouvelle touchant la susceptibilité maladive qui troubla ses plus belles années en lui faisant voir des ennemis partout.

Loin d'être produites par des visions et des hypothèses fantastiques, ces appréhensions de Rousseau touchant sa sécurité personnelle étaient basées sur des faits positifs.

Voici un écrivain qui attaque les bases du catholicisme, les principes de la société contemporaine et le pouvoir héréditaire des souverains. Il est naturel que tous les intéressés au maintien des abus et des préjugés considèrent le citoyen genevois comme leur ennemi le plus dangereux, et ne lui ménagent point les regards haineux, les menaces verbales, les lettres insultantes et les persécutions anonymes. Comment un homme sans défense, impressionnable à l'excès, pouvait-il résister à ce débordement de volontés mauvaises, de rancunes invétérées? La solitude, la protection de ses amis dévoués ne lui rendaient pas la sécurité trop souvent détruite par ses adversaires naturels, et sa carrière fut troublée jusqu'à la fin par les hommes qui devaient assister à la ruine de la société contemporaine.

CHAPITRE V

La politique genevoise de Rousseau.

Les principes politiques de Rousseau exercèrent une action profonde et durable sur sa patrie.

Genève possédait une aristocratie composée de familles dont les ancêtres avaient soutenu la réforme religieuse, développé la renommée et la prospérité de leur pays et obtenu un crédit honorable auprès des gouvernements étrangers.

Cette classe de citoyens avait suivi la pente naturelle de toutes les aristocraties, et dans une république où chaque bourgeois faisait partie du Conseil général et souverain, on acceptait en faveur de quelques personnes une espèce d'hérédité du pouvoir civil et social.

Au milieu du dix-huitième siècle une grave affaire politique troublait la vieille république. C'était le privilége attribué au Conseil exécutif qui lui donnait le droit de refuser au corps délibérant la discussion sur les faits et les lois qu'il estimait préjudiciables à la sécurité de l'État.

Ce droit *négatif*, incompatible avec la liberté nationale, était néanmoins soutenu par une nombreuse fraction de citoyens pleins de confiance dans le caractère et le dévouement éprouvé des magistrats.

La conservation ou l'abolition de cet usage, souleva des disputes interminables dans la république. La condamnation du *Contrat social* de Rousseau fut un des plus périlleux incidents et le philosophe exaspéré de cet outrage exerça par ses livres et ses correspondances une action énergique sur les libéraux. Son nom devint un levier puissant qui servit à rendre efficace la résistance de ce parti.

Des témoins de ces luttes (1762 à 1789) disaient dans leur extrême vieillesse : « Nos familles jouissaient d'un grand pouvoir, d'une solide « influence ; mais le souffle de Rousseau a passé « et la révolution a tout fait disparaître. »

Une autre question encore plus grave troublait la paix de Genève. La population se composait de citoyens et de bourgeois datant pour la plupart du seizième siècle et qui seuls possédaient les droits politiques, la jouissance des biens nationaux et le libre établissement du commerce et de l'industrie.

A côté de cette classe privilégiée se trouvaient les *habitants*, les *natifs*, enfants et petits enfants des réfugiés de la Révocation, presque tous ouvriers et petits commerçants qui ne participaient aux droits de citoyens qu'après avoir payé douze ou quinze cents francs, prix d'achat de la bourgeoisie. Ces hommes, dont les parents vivaient à Genève depuis près d'un siècle, réclamaient l'entrée effective dans la famille républicaine et l'égalité des droits politiques et sociaux. Plusieurs bourgeois appuyaient leurs demandes, mais le plus grand nombre les repoussaient. Des troubles incessants agitaient la ville. Le gouvernement eut le tort irréparable de solliciter l'intervention armée de la France, du Piémont et des cantons suisses. La Révolution fut comprimée. On fabriqua une constitution fort peu libérale. Les droits des opposants furent grièvement lésés. On exila les natifs et leurs amis, ils se réfugièrent à Constance et en Irlande et les membres les plus honorables du commerce, du clergé et de l'industrie ont figuré dans la liste des émigrés. Nous ne pouvons entrer dans de plus amples détails; mais en quatre-vingt-neuf la réaction fut terrible et jusqu'à quatre-vingt-dix-huit la révolution genevoise suivit dans sa modeste sphère les phases de la révolution française. Au début c'est la revendication des droits de l'homme et la consécration de la liberté et de l'égalité devant la loi, puis le développement des passions sanguinaires et de la terreur.

Genève fut ravagée par des excès provenant des mêmes causes. La banqueroute de l'État, l'anéantissement de l'industrie, la confiscation des fortunes particulières, les bannissements, les exécutions capitales amenèrent la ruine de la vieille république. Elle était convoitée par sa puissante voisine et le bon vouloir de ses amis protestants, les puissants protecteurs des jours d'autrefois, n'étaient plus que de tristes souvenirs dans l'Europe en feu. Les chefs de la République française, Talleyrand à leur tête, feignant de prendre pour le vœu national les sollicitations de quelques traîtres à leur pays voulurent annexer Genève. Des citoyens courageux, Micheli et Gosse au premier rang, multiplièrent les efforts pour détourner l'orage, leurs voix ne furent pas écoutées à

Paris et voici deux discours qui établissent clairement la position des Genevois et jettent une triste lumière sur les derniers jours de la liberté nationale dans la cité protestante au siècle passé.

La question de la réunion de Genève fut soulevée en 1793, le gouvernement français nous envoya un Milanais distingué, M. Gorani qui fait le rapport suivant, le 30 septembre :

« Je n'ai pas besoin d'insister sur ce fait que « la république de Genève n'a point de puissance, « mais elle mérite d'être respectée et protégée, « car elle est la patrie ancienne des pères de la « liberté d'esprit et de conscience. Elle est le « berceau de Jean-Jaques, elle a donné le jour à « une foule de grands hommes de tous les genres, « elle en renferme encore aujourd'hui un assez « grand nombre, les Pictet, les de Saussure, elle « a donné asyle assuré aux victimes de toutes les « tyrannies.

« L'emploi des moyens violents contre un si « petit État est contraire à tous les principes du « droit des gens et surtout indigne du caractère « généreux de la plus grande nation du monde. « Rien ne saurait plus déshonorer la République

« française que de mettre des obstacles à son « commerce et de disloquer la ville. »

Tous les efforts des amis de l'indépendance genevoise furent impuissants. L'annexion s'accomplit le 20 avril 1798 et six jours plus tard un membre du Corps législatif français, le citoyen Jean Debry, célébrait en ces termes les motifs de la conquête de notre république :

« Les mérites de Genève sont grands, elle est « la place forte qui protége au sud notre frontière. Depuis longtemps elle a prouvé à l'Europe « qu'elle sait défendre son indépendance. La nuit « de l'Escalade en est la preuve.

« Celui qui influa le plus heureusement sur le « caractère encore brut de Pierre le Grand était « Le Fort, ingénieur genevois.

« Je pourrais citer les hommes célèbres, dont « le génie de la liberté semble conserver l'espèce « dans les pays où les droits des peuples ne sont « pas ensevelis et que Genève a comptés au nombre de ses concitoyens... Mais un sentiment de « justice et de reconnaissance arrête ma pensée « sur l'ombre illustre de celui qui révéla aux nations leurs droits, aux citoyens leurs devoirs

« envers leur patrie. Celui dont les pages éloquen-
« tes et vraies ont tant de fois servi d'autorité
« dans les assemblées nationales de la France. . .

« L'auteur de l'*Émile* et du *Contrat social* avait
« adopté la France.. Maintenant la France libre
« et constituée va adopter la patrie de Rousseau.

« Si ses concitoyens ont su conserver dans leur
« âme les principes austères qui l'enflammaient,
« s'ils apportent dans notre sein les habitudes que
« donnent une éducation libérale, une jeunesse
« studieuse, laborieuse et libre, une république
« dont l'origine se perd dans la nuit des temps,
« la pratique des vertus domestiques, fondement
« impérissable des vertus publiques . . . .
« ..... Combien ce traité de réunion utile aux
« deux peuples sous le rapport défensif, politique
« et commercial, le sera à la République française
« sous le rapport moral !

« Puissions-nous, citoyens français! en échange
« du riche héritage de gloire nationale que nous
« allons partager avec nos nouveaux frères, puis-
« sions-nous recevoir la succession plus riche en-
« core du bonheur et de la prospérité que Jean-
« Jaques célébrait dans Genève florissante!

« Quelles sensations profondes, extraordinaires

« ces rapprochements inattendus eussent communiqué à son âme pénétrée de l'amour du bien « social ?

« Genève, asile des malheureux protestants « persécutés par Baville et Letellier, devient partie intégrante de la République française, et « Rousseau, s'il était dans cette enceinte, redirait « ces paroles du discours sur l'inégalité :

« Unissons-nous pour garantir de l'oppression « les faibles, contenir les ambitieux et assurer à « chacun la possession qui lui appartient. Instituons des règlements de justice et de paix auxquels tous soient obligés de se conformer, qui « réparent les caprices de la fortune en soumettant également le fort et le faible à des devoirs « mutuels.

« Rassemblons nos forces en un pouvoir suprême qui nous gouverne selon de sages lois, « qui protége les membres de l'association, repousse les ennemis communs et nous maintienne « dans une concorde éternelle. »

Dix ans après la mort de Jean-Jaques, cette annexion effaça la République genevoise du rôle des États indépendants de l'Europe. Les paroles sages et libérales de Rousseau employées par un orateur jésuitique à justifier la conquête de son pays auraient pénétré son âme d'un désespoir sans bornes et la protestation de ses derniers jours eût reproduit le sanglant anathème de sa jeunesse contre les troubles politiques suscités au nom des libertés nationales.

APPENDICE

Condamnation de l'Émile et du Contrat social[1].

I

En 1858, M. Mignet lut, devant l'Académie, un mémoire où nous avions exposé des faits inédits touchant la vie et les derniers ouvrages de Rousseau.

L'approche du centenaire de la mort du grand écrivain, 2 juillet 1778, a réveillé l'attention sur sa personne et ses écrits ; et nous pouvons vous communiquer, Messieurs, quelques détails nouveaux ou peu connus touchant les grands procès intentés à l'*Émile* et au *Contrat social* par le Parlement de Paris et le gouvernement de Genève en juin 1762.

Le procès fait à ces deux livres de Rousseau fut intenté en vertu de la *loi qui assimile les héré-*

[1] Mémoire lu à l'Académie des Sciences morales et politiques de France, le 15 décembre 1877, par J. Gaberel de Rossillon.

sies et certaines libertés de l'intelligence aux délits du droit commun.

Cette législation, appliquée avec une extrême rigueur chez les païens, conservée par les nations chrétiennes dans les anciens jours, a subi de notables adoucissements dans les temps modernes.

Vers le milieu du XVIIme siècle, une réaction positive se manifesta contre les restrictions légales apportées à la pensée humaine.

Les Jansénistes réclamèrent une libre place au soleil du Christianisme.

Les victimes de la Révocation de l'Édit de Nantes élevèrent la voix dans tous les pays qui leur donnaient asile et battirent en brèche les autorités qui les avaient arrachés au sol bien-aimé de la patrie française.

Genève, qui était le centre des Églises réformées de langue française, proclama, vers 1730, la liberté de la presse, tout en réservant un droit d'examen et d'interdiction pour les œuvres réputées immorales ou scandaleuses.

En Hollande, en Angleterre, on pensa que les hardiesses des écrivains ne pouvaient compromettre l'État et l'Église. Tout ce qui n'offensait pas la morale publique fut librement imprimé, et souvent même la surveillance était illusoire touchant les écrits scandaleux.

Les philosophes et les littérateurs profitèrent de ces adoucissements judiciaires et bientôt la polémique se hasarda, non-seulement sur la nature des dogmes chrétiens, mais sur la forme des gouvernements, et sur le caractère et l'étendue des autorités sociales et politiques.

Mais les principaux écrivains, Bayle et les encyclopédistes, côtoyaient les bords des questions sans pénétrer au cœur de la place.

Et vers 1760, on n'avait pas vu paraître en France *les livres* où un homme d'un génie puissant et du plus magnifique talent devait discuter avec une redoutable logique les fondements politiques et religieux des États, et lancer les sociétés européennes vers des nouveautés encore indéfinies.

Cet homme fut J.-J. Rousseau, de Genève. En 1762, il avait cinquante ans, ses ouvrages étaient fort estimés dans les Académies et les cercles littéraires, on admirait la force et la beauté de son style, l'originalité de ses idées, mais sa popularité était encore fort restreinte lorsqu'il publia l'*Émile* et le *Contrat social*.

Ces deux ouvrages portèrent sa renommée dans tous les pays où l'on parlait français, et les procès qui les accueillirent à leur apparition contribuèrent singulièrement à étendre la célébrité du hardi novateur

En effet, l'*Émile* et le *Contrat social*, imprimés en Hollande, et envoyés aux libraires de Paris et de Genève, n'obtinrent d'abord qu'une médiocre faveur ; la première vente, à Genève, ne dépassa point trente exemplaires, et peut-être même l'attention publique se serait-elle moins portée sur les aphorismes de Rousseau touchant la divine autorité du Christ et le pouvoir héréditaire des rois, sans les procès intentés par le Parlement de Paris et les Conseils de Genève.

Ces corps, gardiens d'une législation pénale, au sujet des délits de la presse, ne pouvaient guère demeurer indifférents à la publication de deux ouvrages de Rousseau et rester silencieux devant les doctrines qui y étaient exposées et soutenues. Les jugements sur ces procès sont forts divers depuis un siècle, et nous désirons, Messieurs, vous présenter quelques détails en partie inédits sur cette grave controverse.

L'*Émile* de Rousseau fut déféré au Parlement

en mai 1762. La position de ce corps était fort délicate. Il terminait le procès contre les Jésuites. Une sentence empreinte d'une extrême rigueur flétrissait leurs doctrines, confisquait leurs biens et leur interdisait, en France, toute fonction scolaire ou religieuse.

L'inventaire de leurs immeubles et de leurs professions occupait des commissaires nombreux et infatigables, et lorsqu'aux archives nationales on examine ces interminables procès-verbaux, on est également surpris de la multiplicité des condamnations et de l'inflexible rigueur des juges. Aucun Jésuite n'est épargné, depuis le confesseur de Madame la Dauphine jusqu'au plus obscur employé des domaines et des écoles.

Les magistrats, vivement engagés dans cette grande lutte, et y rencontrant certaines oppositions de la part des cours de France et de Rome, durent se montrer fort contraires à des ouvrages où étaient discutés dans un sens négatif le pouvoir légitime et divin des rois, et la vérité révélée des croyances chrétiennes: aussi le Parlement qui punissait les Jésuites n'hésita pas à frapper le parti des philosophes, l'*Émile*, de Rousseau, lui fut déféré, et voici textuellement tirées des archives nationales les pièces de ce procès célèbre [1].

Audience du mercredi, 9 juin 1762, à 9 heures du matin.

Présents :

M. LE PRÉSIDENT DE MAUPEOU, MM. *Severt, Titou, Fermé, Chaban, Renaud, Paircheresse, Blondeau, La Guillaumerie, Le Prêtre, Renouard et Pellot.*

Ce jour, les gens du Roi sont entrés, et Me Omer-Joly de Fleury, avocat dudit Seigneur roi, portant la parole, a dit à M. le Président qu'il déférait à la cour un imprimé en quatre volumes in-octavo, intitulé *Émile ou l'Éducation*, par J.-J. Rousseau, citoyen de Genève, ledit livre imprimé à la Haye, chez Jean Réaulme, libraire avec privilége de NN. SS. les États de Hollande et de West-Frise, en 1762. — Puis ensemble les conclusions du Procureur Général du Roy.

Messieurs, a continué Maître Omer Joly de Fleury,

[1] Archives nationales, X A, 8511, folio 18.

cet ouvrage ne paraît composé que dans la vue de ramener tout à la religion naturelle, l'auteur s'occupe dans le plan de l'éducation qu'il prétend donner à son élève, à développer ce système criminel.

Il ne prétend instruire cet élève que d'après la nature qui est son guide unique pour former en lui l'homme moral. Il regarde toutes les religions comme également bonnes et comme pouvant toutes avoir leurs raisons d'être dans le climat, le gouvernement, dans le genre du peuple, ou dans quelque autre cause locale qui rend l'une préférable à l'autre selon les temps et les lieux.

L'auteur borne l'homme aux connaissances que l'instinct porte à chercher, il flatte les passions comme les principaux instruments de notre conservation. Il avance qu'on peut être sauvé sans croire en Dieu, parce qu'il admet une ignorance invincible de la Divinité qui peut excuser l'homme. Selon les principes de Rousseau *la seule raison* est juge dans le choix *d'une religion*, il laisse à sa disposition la nature du culte que l'homme doit rendre à l'Être-Suprême. Il croît l'honorer en parlant avec impiété du culte extérieur qu'il a établi dans la Religion, ou que l'Église a prescrit sous la direction de l'Esprit-Saint qui la gouverne.

Conséquemment à ce système de n'admettre que la religion naturelle, quelle qu'elle soit chez les différents peuples, il ose essayer de détruire la vérité de l'Écriture-Sainte et des Prophéties, la certitude des miracles énoncés dans les livres saints, l'infaillibilité de la révélation, l'autorité de l'Église, et que ramenant tout à cette religion naturelle dans laquelle il n'admet qu'un culte et des lois arbitraires Il entreprend de *justifier, non-seulement* toutes les religions, prétendant que l'on s'y sauve indistinctement, mais l'infidélité et la résistance de tout homme à qui l'on voudrait prouver la divinité de Jésus-Christ et l'existence de la Religion chrétienne qui seule a Dieu pour auteur, et à l'égard de laquelle il porte le blasphème jusqu'à la donner pour ridicule et contradictoire, et à inspirer une indifférence sacrilége pour ses mystères et pour ses dogmes qu'il voudrait pouvoir anéantir.

Tels sont les principes impies et détestables que se propose d'établir dans son ouvrage cet écrivain qui soumet la religion à l'examen de la raison et qui n'admet de vérités et de dogmes en matière de religion, qu'autant qu'il plaît à *l'esprit* livré à ses propres lumières, ou plutôt à ses propres égarements de les recevoir ou de les rejeter.

A ces impiétés, Rousseau ajoute des détails indécents, des explications qui blessent la bienséance et la pudeur.

Enfin il met au jour des propositions qui donnent un caractère faux et odieux à l'autorité souveraine, qui tendent à détruire le principe de l'obéissance qui lui est due et à affaiblir le respect et l'amour des peuples pour leur rois.

Nous croyons donc que ces traits suffisent pour donner à la Cour une idée de l'*ouvrage* que nous dénonçons, et que les maximes qui y sont répandues forment par leur réunion un système chimérique aussi impraticable dans son exécution qu'absurde et condamnable dans son projet.

Quels seraient d'ailleurs des *sujets* élevés dans de pareilles maximes? Sinon des hommes préoccupés du scepticisme et de la tolérance abandonnés à leurs passions, livrés aux plaisirs des sens, concentrés en eux-mêmes pour l'amour-propre, qui ne connaîtraient d'autre voix que celle de la nature, et qui au noble désir de la solide gloire substitueraient la pernicieuse manie de la singularité?...

Quelles règles pour les mœurs? Quels hommes pour la religion et l'État que des enfants élevés dans des principes qui font également horreur au chrétien et au citoyen!

En conséquence, l'auteur de ce livre n'ayant point craint de se nommer lui-même ne saurait être trop promptement poursuivi; il est important, puisqu'il s'est fait connaître, que la justice se mette à portée de *faire un exemple* tant sur l'auteur que sur ceux que l'on pourra découvrir, avoir concouru soit à l'impression soit à la distribution d'un pareil ouvrage, digne comme eux *de toute sa sévérité..... Tel est l'objet des conclusions que nous laissons par écrit à la Cour avec un exemplaire du livre.*

Le Procureur Général de Roi, entendu le rapport de maître François Lenoir, Conseiller, la matière sur ce mise en considération. Le même jour *la Cour ordonne* que le dit livre imprimé sera lacéré et brûlé en la Cour du palais, au pied du grand Escalier d'iceluy par l'exécuteur de la Haute Justice. *Enjoint à* tous ceux qui ont des exemplaires de les apporter au greffe de la Cour pour y être supprimés. Fait très-expresses inhibitions et défenses à *tous libraires* de imprimer, vendre et débiter le dit livre. A *tous colporteurs, distributeurs ou autres* de le colporter ou distribuer, à peine d'être puni selon la rigueur des ordonnances. Ordonne que les mêmes poursuites soient faites par-devant les lieutenants criminels des Bailliages et Sénéchaussées du Royaume.

En plus ordonne que le nommé J.-Jacques Rousseau dénommé au frontispice dudit livre sera pris et appréhendé au corps et amené aux prisons de la conciergerie du Palais pour y être ouï et interrogé sur les faits dudit livre et répondre aux conclusions que le *Procureur général* entend prendre contre lui, et si ledit J.-J. Rousseau ne pouvait être pris et appréhendé, après perquisition faite de sa personne il est assigné à quinzaine, ses biens saisis et annulés à iceux commissaires établis, jusqu'à ce qu'il ait obéi suivant l'ordonnance et à cet effet ordonne que le présent arrêt sera imprimé, publié et affiché partout où le besoin sera.

Et le vendredi onze juin 1762 ledit écrit mentionné ci-dessus a été lacéré et brûlé au pied du grand escalier du Palais par l'exécuteur de la haute justice en présence de Moi, *Étienne Dagobert*, *Isabeau*, l'un des trois principaux commissaires pour la grande Chambre, assisté de deux huissiers de la cour.

Signé : Isabeau.

La seconde partie du jugement, concernant l'arrestation de la personne de Rousseau qui devait être amené aux prisons de la Conciergerie resta heureusement et peut-être volontairement sans exécution.

Les huissiers avaient sans doute reçu des instructions spéciales, car leur voiture croisa celle du philosophe qu'ils reconnurent et saluèrent en souriant.

Rousseau put s'éloigner sans difficulté et vint se réfugier à Yverdon, sur le territoire bernois.

II

Maintenant, nous devons exposer l'histoire du procès de l'*Émile* et du *Contrat social à Genève*, en nous servant des correspondances des résidents français à Genève, et qui sont conservées au ministère des affaires étrangères à Paris. Ces lettres sont entièrement inédites, et nous en avons obtenu l'obligeante communication de M. Faugère, directeur de ces importantes archives.

Deux affirmations sont soutenues touchant ce procès.

Les uns déclarent que les magistrats genevois ont agi spontanément pour obéir à leur conscience et exécuter la loi qui leur donnait le droit *d'admonester* les dissidents et de séquestrer au besoin leurs livres.

D'autres personnes estiment que la condamnation de l'*Émile* et du *Contrat social* a été déterminée par la pression politique du ministère Choiseul sur les Conseils de Genève...

Que Voltaire qui, pour lors, était brouillé avec Rousseau, s'était mêlé activement du procès de l'*Émile* et que l'arrêt genevois fût la conséquence inévitable de celui de Paris; *mais une troisième influence paraît surtout avoir agi et dominé sur les questions précédentes. C'est la crainte naturelle et motivée* que le gouvernement de Genève éprouva au sujet des publications révolutionnaires d'un citoyen de la République. On devait sans délai dégager à tout prix la responsabilité nationale et conjurer le péril ou les ennuis d'une intervention étrangère dans les affaires du pays.

Ces différents points du sujet qui nous occupe nous paraissent élucidés par les correspondances de M. de Montperoux, résident français à Genève, et les réponses de M. de Sellon, envoyé genevois à Paris.

La première mention que nous trouvons de l'*Émile* et du *Contrat social dans les actes genevois du 11 juin 1762*, jour même où s'exécutait à Paris aux pieds du grand escalier du Palais de Justice la sentence du Parlement *contre l'Émile*... Et voici le texte *de la pièce genevoise :*

Sur le rapport fait au Conseil qu'il paraissait deux ouvrages nouveaux du sieur J.-J. Rousseau contenant des maximes dangereuses par rapport au gouvernement et à la Religion, *Arrêté de faire saisir et examiner ces livres.*

Le même jour, 11 juin, le résident français ecrit à M. de Choiseul :

Le *Contrat social* et l'*Émile* font grand bruit ici. On y regarde ces deux ouvrages comme très-dangereux. Le petit conseil a fait enlever le peu d'exemplaires que les libraires ont reçu, et nommé des commissaires pour examiner ces livres et en rendre compte... Si la voix publique est écoutée, ils seront condamnés avec flétrissure.

Quelques jours après, 18 juin, le conseil fut en effet d'avis de condamner ces livres à être lacérés et brûlés par l'exécuteur de haute justice comme *téméraires*, *scandaleux*, *impies*, tendant à détruire la religion chrétienne et tous les gouvernements.

La nouvelle en fut transmise immédiatement au ministère français, M. de Montperoux, résident de France à Genève, écrit à M. de Choiseul en ces termes :

19 juin.

Le Conseil s'est occupé, hier matin, de deux ouvrages de Rousseau que sur le compte qui lui avait été rendu par les commissaires ledit conseil avait condamné à être brûlés. *Ce jugement sera exécuté ce matin même...* Si ces Messieurs vont plus loin, j'en serai également informé. Ces ouvrages, Monseigneur, ont excité une indignation générale.

Puis il ajoute en *post-scriptum :*

Dans ce moment *le Conseil* m'envoye le même magistrat qui m'avait écrit ce matin pour me communiquer les qualifications de son arrêt. Il condamne le Contrat social et l'Émile, comme téméraires, scandaleux, impies, tendant à détruire la religion chrétienne et tous les gouvernements. Si l'auteur vient à Genève ou sur son territoire, il a été décidé qu'il serait arrêté et conduit dans les prisons.

M. de Sellon, Monseigneur, a ordre de vous rendre compte de tous ces détails.

En effet, M. Lullin, sécretaire d'État, écrivait le 20 juin à M. de Sellon :

Nous vous prions d'informer le comte de Choiseul du jugement ci-dessus et de lui témoigner que le Conseil a vu avec beaucoup de déplaisir qu'un homme qui se dit citoyen de Genève, et qui dans l'espace de quarante années n'y a séjourné que quelques semaines, ait été assez téméraire pour composer un ouvrage aussi dangereux.

M. de Sellon exécutait avec diligence les ordres qui lui étaient transmis de la part du Conseil de Genève auquel il répondait le 1er juillet 1762.

Son Ex. M. de Choiseul m'a témoigné de voir avec plaisir que les ouvrages de Rousseau ayent fait à Genève la même impression qu'à Paris et que le gouvernement y ait pourvu de la même manière que le Parlement ici. J'ai mis toute l'attention possible pour détruire les impressions qui pouvaient naître sur de tels ouvrages sortis de la plume d'un de nos citoyens. J'ai dit que le peu de séjour qu'il a fait dans sa patrie est assez connu pour qu'on ne le soupçonne pas d'y avoir puisé les sentiments qui viennent d'y être condamnés, et que l'on ne peut voir sans peine réunis à autant de talens supérieurs.

L'influence exercée par le ministère de France sur le Gouvernement de Genève paraît donc avoir été indirecte, ou détournée et causée par une certaine crainte de déplaire au cabinet français, si l'on n'agissait pas à Genève *contre l'Emile* comme on l'avait fait à Paris.

Voici maintenant l'état des esprits dans la patrie de Rousseau.

Le 12 juillet, M. de Montperoux écrit :

Le jugement rendu contre Rousseau pourrait avoir des suites que le Conseil ne prévoyait pas. On a répandu une lettre écrite par le major Pictet où l'on fait une critique assez bénigne des ouvrages *qui ont été flétris.* Mais on y condamne sans ménagement la conduite du conseil. *On l'accuse* d'avoir eu principalement en vue de plaire à la France ; *on* l'accuse de s'être laissé entraîner par le parti que l'on suppose que M. de Voltaire s'est fait dans cette ville. On prend l'occasion de faire la censure la plus vive de quelques ouvrages de cet auteur et de blâmer la complaisance du Conseil de les laisser imprimer sous ses yeux quoique plus dangereux encore que ceux de Rousseau.

Cette lettre a été déférée au Conseil par le Procureur général Tronchin. On y a fait deux réponses où Rousseau est traité avec une hauteur insultante, on ne lui ménage pas les expressions les plus humiliantes et les injures grossières. On soupçonne un citoyen attaché à M. de Voltaire d'être l'auteur de l'une de ces lettres. Il insiste sur les services rendus par M. de Voltaire à la

République et sur l'honneur qu'elle a de posséder un aussi grand homme :

Je sais, Monseigneur, que plusieurs membres du conseil sont très-offensés qu'on impose à Genève de la reconnaissance pour les services de M. de Voltaire qu'elle n'a pas reçus ni pu recevoir.

Plusieurs personnes travaillent, pour venger Rousseau, à rassembler tout ce qui paraît attaquer la religion dans les ouvrages de M. de Voltaire et veulent déférer aux magistrats ces extraits pour qu'ils soient condamnés et flétris.

Je suis informé qu'on est occupé d'empêcher les auteurs de cette entreprise, les ennemis de M. de Voltaire, de faire cette démarche qui embarrasserait beaucoup les magistrats et les ferait peut-être sévir contre l'étranger après avoir condamné le citoyen.

Voilà où en sont les choses. J'aurais l'honneur de vous envoyer ces lettres si elles n'étaient pas aussi longues que peu intéressantes ; cependant au premier ordre je les ferai copier.

Rousseau est à Yverdun.

On dit ici que le Conseil de Berne a décidé que l'on interdirait le débit de ses ouvrages sur le territoire de leur république.

Douze jours après, M. de Montperoux écrivait le 24 juillet au comte de Choiseul :

L'auteur de la lettre qui improuvait le Conseil dans le jugement rendu contre les ouvrages de Rousseau et dont j'ai eu l'honneur de vous rendre compte, a été jugé ainsi que celui à qui la lettre avait été adressée pour la répandre.

M. Pictet a écrit au premier syndic une lettre touchante, où il avoue et reconnaît sa faute. Cette démarche a porté le Conseil à plus d'indulgence. Il a été censuré, condamné à demander pardon à Dieu et à la Seigneurie. Il a été suspendu pendant un an de ses droits honorifiques à la bourgeoisie, c'est-à-dire de son entrée au Conseil des Deux-Cents et au Conseil général. Enfin sa lettre a été lacérée par le secrétaire général et conservée au registre. Duvillard, qui avait été chargé de répandre la lettre, a essuyé le même jugement *modéré;* n'étant pas du Conseil des Deux-Cents, il a eu six mois de bannissement du Conseil général.

Il me paraît que jusqu'à présent ce jugement a été assez approuvé.

M. de Choiseul fut sans doute satisfait de l'issue de ces négociations juridiques, car il fait écrire le 12 août 1762 au résident Montperoux :

J'ai reçu les quatre lettres que vous avez pris la peine de m'écrire le mois passé et dont le contenu n'exige aucune réponse.

Le ministre français fut sans doute obligé, malgré lui, de s'occuper encore des affaires de Rousseau, car rien n'était terminé. L'archevêque de Paris avait publié son mandement. Rousseau répondit à M. de Beaumont. La lettre célèbre et éloquente qu'il lui écrivit parut très-dangereuse, et l'on s'efforça de la faire disparaître. Le résident français écrivit :

29 avril 1763.

Nous avons ici les exemplaires de la lettre à Monseigneur l'archevêque ; ils ont été bientôt épuisés.

Étant averti que quelques libraires de cette ville se proposaient de faire imprimer cet ouvrage, ce qui aurait facilité la publication dans le Royaume, je me suis adressé à Messieurs du Conseil, qui ont défendu d'imprimer cette brochure.

Les magistrats préposés à la librairie sont chargés de veiller à l'exécution de ces ordres.

M. de Choiseul répond :

Marly, 15 mai 1763.

M. le Président, j'ai reçu la lettre que vous avez bien voulu m'écrire le 29 du mois passé. Vous avez bien fait d'engager Messieurs du Conseil de Genève à défendre cet ouvrage. Nous désirons qu'ils se portent toujours plus à arrêter la publication des libelles de ce genre qui pénètrent très-facilement de chez eux dans l'intérieur du Royaume.

Le procès de l'*Émile* ne produisit pas d'abord une vive émotion dans Genève.

Deux personnes, MM. Moultou et Pictet, avaient publié la lettre qui attira la condamnation décrite par le résident ; ils signalèrent à diverses reprises l'obligation légale d'entendre l'accusé et de peser ses réponses avant de le flétrir. Cette audience n'ayant pas été offerte à Rousseau, le jugement devait être revisé.

Rousseau fut très-sensible au procédé de ses amis. Il espérait un mouvement général en sa faveur. Son attente fut trompée. La discussion ne dépassa point les bornes d'une question philosophique. Il garda le silence pendant onze mois et voyant que l'indifférence compromettait sa cause, il envoya sa renonciation à la bourgeoisie genevoise et il adressa la lettre suivante à M. Chouet, premier syndic, le 12 mai 1763.

Monsieur,

J'ai tâché d'honorer le nom de Genevois. J'ai tendrement aimé mes compatriotes. Je n'ai rien oublié pour me faire aimer d'eux. On ne saurait plus mal réussir. Je veux leur complaire jusque dans leur haine. Le dernier sacrifice qui me reste à faire est celui d'un nom qui me fut si cher.

Cet acte émut péniblement les Genevois. Il envenima une querelle qui divisait la république. Les libéraux étaient en lutte avec l'aristocratie pour abolir un singulier usage. Le conseil exécutif avait le privilége de ne pas soumettre aux corps délibérants les propositions des bourgeois qu'il estimait dangereuses pour l'État. L'abolition du *droit négatif* causa des querelles qui durèrent jusqu'à la grande révolution de 89. Rousseau y prit une part active. Son nom devint un levier puissant et servit à rendre plus efficace la résistance des libéraux.

Voici comment le résident français apprécie cette situation, en écrivant à M. de Choiseul :

Le 27 juillet 1763.

J'ai l'honneur de vous envoyer la renonciation de Rousseau à la bourgeoisie de Genève.

Je ne serais pas étonné que les partisans fanatiques de cet homme dangereux ne fissent en sa faveur quelques démarches plus hardies que la première. Ils peuvent y être encouragés par le ton de douceur ou plutôt de faiblesse qui règne dans la réponse où le magistrat se justifie, quand il devrait se plaindre, de ce qu'on ose attaquer sa conduite fondée sur l'exacte observation des lois de l'État.

Des républicains sont toujours très-difficiles à gouverner, parce que le plus grand nombre n'est pas le plus éclairé et qu'il est plus facile de le séduire. Ils se livrent à des craintes exagérées, chimériques, dès que des gens inquiets ou mal intentionnés leur font voir le danger prétendu des libertés et des droits.

La dernière lettre des résidents français contient ces remarquables paroles :

Février 1777.

Rousseau a fait adopter par les représentants libéraux un serment qui les oblige tous à se soumettre à la pluralité des voix dans toutes les votations.

Cette coutume pernicieuse fait nécessairement dépendre la décision de toutes les affaires de la façon de penser du dernier ordre des citoyens.

Tels sont, Messieurs, les principaux documents que la correspondance des résidents français à Genève offre aux investigateurs.

A côté de ces lettres originales et inédites, les volumes contiennent les brochures publiées à Genève au sujet de Rousseau. Cette collection aussi abondante qu'indigeste montre tout l'intérêt que le gouvernement français prenait aux affaires concernant l'illustre publiciste dont les doctrines devaient avoir un si long retentissement dans les esprits, de si grandes suites dans les États, exercer avant la fin du siècle tant d'influence sur la plus démocratique des révolutions, n'être pas étrangères aux mouvements précipités de cette révolution extraordinaire qui, devenue irrésistible dans son élan et rendue conquérante par les attaques de l'Europe, détruisit même passagèrement la patrie de Rousseau, la vieille République de Genève, incorporée à la France de 1798 à 1814.

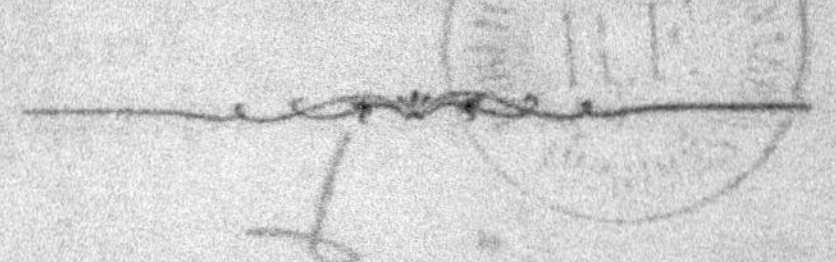

www.ingramcontent.com/pod-product-compliance
Ingram Content Group UK Ltd.
Pitfield, Milton Keynes, MK11 3LW, UK
UKHW022013170726
13837UKWH00001B/155